Paul Ferrini

Dein Leben heilen

Paul Ferrini

Dein Leben heilen

12 Schritte zur Entfaltung von Liebe, Kraft und Sinnerfüllung

KOHA

Hinweise

Die im Buch veröffentlichten Ratschläge wurden von Verfasser und Verlag sorgfältig erarbeitet und geprüft. Eine Garantie kann dennoch nicht übernommen werden. Ebenso ist die Haftung des Verfassers bzw. des Verlages und seiner Beauftragten für Personen-, Sach- und Vermögensschäden ausgeschlossen.

Um den Lesefluss nicht zu erschweren, wurde meist auf die Doppelung männlicher und weiblicher Nomen und Pronomen verzichtet. Selbstverständlich soll in diesen Fällen die übliche »männliche« Form auch den weiblichen Teil der Bevölkerung umfassen.

Titel der Originalausgabe:
Healing Your Life.
A 12 Step Guide to Bringing Love,
Power & Purpose into Your Life.

www.paulferrini.com

Deutsche Ausgabe:

2. Auflage 2013
Aus dem Englischen von Philippa Campling
Lektorat: Dr. Felicitas Igel
Coverbild: Annick vom Kolke
Satz: Birgit-Inga Weber
Gesamtherstellung: Karin Schnellbach
Druck: CPI Moravia Books
ISBN 978-3-86728-233-8

INHALT

Vorwort

Vor acht Jahren lud ich meine Leser ein, in Florida zu einer Reihe intensiver Retreats mit mir zusammenzukommen. Menschen aus aller Welt reisten an, um die Grundlagen bedingungsloser Liebe, der Selbstheilung und Vergebung zu lernen und sich darin zu üben.

Viele Teilnehmer besuchten drei Retreats innerhalb von nur drei Monaten, und die Intensität ihrer Beteiligung führte zu kraftvollen Ergebnissen. Emotionale Wunden begannen zu heilen. Menschen begannen, ihre Muster des Selbstbetrugs zu durchbrechen und in ihre Kraft und Bestimmung zu treten.

Wir waren alle erstaunt über diese Erfahrung und wollten sie mit anderen teilen. Also habe ich auf Drängen meiner Schüler begonnen, einen intensiven Erfahrungsworkshop zusammenzustellen, der die wichtigsten Elemente meiner mehr als 35 Jahre währenden Tätigkeit als Lehrer und Schriftsteller umfasste und integrierte.

Der *Real-Happiness*-Workshop erfüllte, was wir uns von ihm versprachen: Er ermöglichte tiefe emotionale Heilung und spirituelle Transformation.

Während der letzten vier Jahre sind viele Lehrer ausgebildet worden, und unsere *Real-Happiness*-Intensivkurse wurden mit großem Erfolg in vielen Ländern angeboten. Der Lehrplan ist in eine Reihe von Sprachen übersetzt worden, und diese Art der Arbeit verbreitet sich kontinuierlich.

Die Lehrer sind wahrhaft Werkzeuge für die Verbreitung dieser wichtigen Arbeit geworden. Indem sie ihren Platz eingenommen haben und den Raum bedingungsloser Liebe und Akzeptanz hielten, haben sie Gemeinschaften geschaffen, in denen Menschen sich so geborgen fühlen, dass sie sich für die Heilung öffnen und bereit sind, ihr Leben zu verändern.

Es ist das erste Mal, dass diese Lerninhalte in Buchform angeboten werden. Meine Hoffnung ist, dass durch dieses Angebot mehr Menschen Zugang zu diesen Lehren bekommen und dann diese Arbeit persönlich mit einem meiner zertifizierten Lehrer machen möchten.

Unserer Erfahrung nach heilen die meisten Menschen jene Wunden, die von ihrer Ursprungsfamilie herrühren, nicht so leicht und durchbrechen die Muster des Selbstbetrugs nicht ohne Weiteres. Die meisten brauchen einen unterstützenden Rahmen, in dem sie energetisch auf den Heilungsprozess fokussiert bleiben. Deshalb haben wir die vergangenen acht Jahre damit verbracht, eine internationale Heilungsgemeinschaft zu entwickeln, die die Menschen aktiv bei der emotionalen Heilungsarbeit und ihrer Selbstermächtigung unterstützt.

Diese Gemeinschaft steht dir als hilfreiches Werkzeug zur Verfügung. Die Unterstützung gleichgesinnter und im Hinblick auf ihre Gefühle mutiger Menschen wird dich tiefer gehend und mit greifbareren Ergebnissen voranbringen.

Du musst nicht in Entsagung, ohne Liebe und Unterstützung leben. Diese Arbeit und die Gemeinschaft, die hinter ihr steht, kann dir helfen, dich für ein Leben echter Heilung und Eigenverantwortung zu öffnen. Du kannst lernen, dich aus deiner inneren Mitte heraus zu lieben, und so einen Prozess des Gebens und Empfangens einleiten, der dein Leben transformieren wird. Du kannst deinem Leiden ein Ende setzen und dich mit deiner Freude verbinden. Du kannst zu deiner Leidenschaft finden und lernen, deine Gaben zu nähren und ihnen Ausdruck zu verleihen. Du kannst lernen, der Bote der Liebe für deine eigene Erfahrung zu sein, und mehr und mehr Liebe in dein Leben hineinziehen. Du kannst deine Bestimmung erfüllen und mit deinem Partner in einer gleichberechtigten Beziehung leben, in der ihr euch gegenseitig unterstützt.

Dir stehen alle Gaben des Lebens und der Liebe zur Verfügung. Du musst nur deinen Teil tun und dein Herz öffnen, um sie zu empfangen. Dieses Buch wird dir dabei helfen, damit zu beginnen. Wisse, dass wir während dieser Reise bei dir sind und einen geschützten Raum für deine Heilung und Ermächtigung halten.

Mit liebevollen Segenswünschen
Paul Ferrini

Wegweiser der 12 Schritte zu Heilung und Transformation

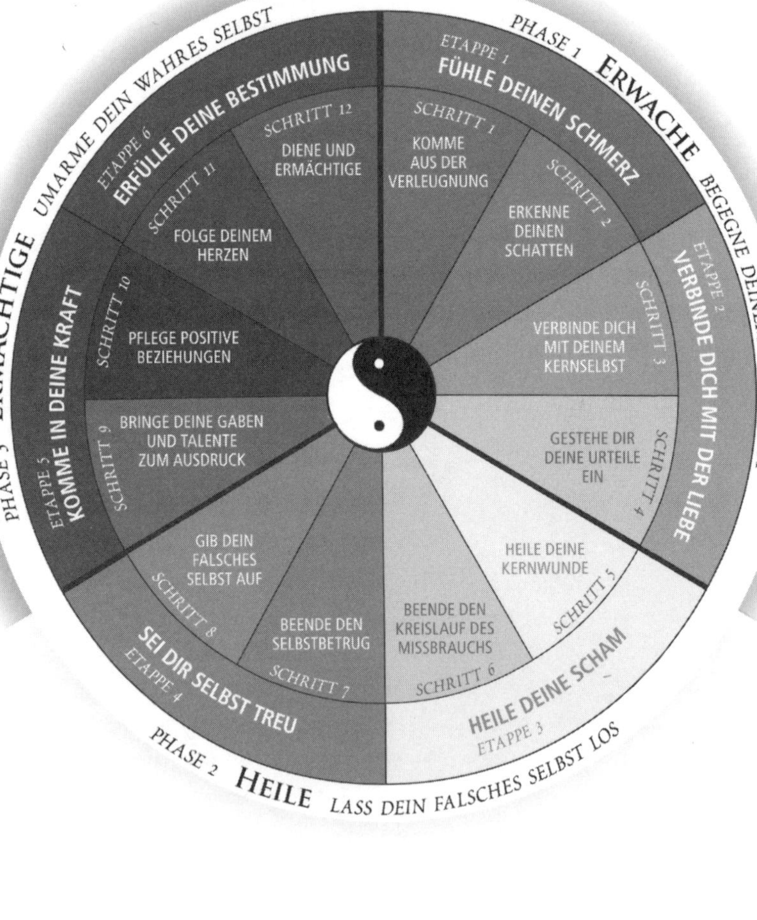

Einführung

Der Wegweiser zu Heilung und Transformation

Unser Schmerz ist ein Weckruf

Als wir begannen, den »Wegweiser der 12 Schritte zu Heilung und Transformation« zu entwickeln, fragte ich meine Schüler: »Womit beginnt wohl der Wegweiser?«

Viele meinten, der erste Schritt sei, sich mit der Liebe zu verbinden. Das macht Sinn. Aber ich wollte, dass sie noch weiter gehen.

Bitte beantworte diese Frage für dich: »Womit hat die Heilung deiner Ansicht nach begonnen? Was hat dich dazu bewogen, zu diesen Retreats zu kommen?«

Celia antwortete, ohne zu zögern: »Für mich begann alles damit, den Schmerz wahrzunehmen.«

Als sie das sagte, spürten wir alle eine Übereinstimmung. Für die meisten von uns begann die Heilungsreise, als Schmerz hochkam und sich nicht mehr unterdrücken, wegschieben oder ignorieren ließ. Für die meisten war Schmerz der Weckruf. Er zeigte uns, wo unser Leben aus der Bahn geraten war und was in Angriff genommen werden musste, damit Heilung eintreten konnte.

In unserer Welt wird Schmerz nicht als Botschafter betrachtet. Wir möchten, dass er verschwindet. Wir nutzen alle möglichen Substanzen, um unseren Schmerz auszuschalten oder zu betäuben. Alkohol, Arzneimittel und Drogen, sogar Nahrung, Arbeit oder Sex werden zu Mitteln, um dem Schmerz zu entfliehen, zu Mitteln, mit denen wir unseren Schmerz zu vermeiden oder zu verleugnen suchen. In unserem Bestreben, Vergnügen zu empfinden und dem Schmerz zu entfliehen, kommen wir nicht auf die Idee, dass wir auf die Botschaft hören müssen, die unser Schmerz uns bringt.

Aber Celia hatte recht. Wir müssen darauf hören. Solange wir nicht wissen, was uns wehtut und warum es schmerzt, werden wir kaum motiviert sein, die transformierende Reise auf uns zu nehmen.

Unserem Schatten begegnen

So hören wir in Phase eins unserer Arbeit damit auf, unseren Schmerz zu verleugnen oder zu betäuben, und beginnen, ihn zu spüren und die Botschaft zu hören, die er mit sich bringt. Das ruft bei jedem ein großes Gefühl der Scham hervor. Wir haben gesellschaftliche und spirituelle Masken entwickelt, hinter denen wir uns verstecken und vorgeben, glücklich zu sein, obwohl wir uns innerlich dreckig fühlen. Uns selbst und anderen unseren Schmerz einzugestehen bedeutet, unsere Maske abzunehmen und die Wahrheit darüber zu sagen, wie wir uns fühlen. Es bedeutet, emotional ehrlich und verletzlich zu sein.

Natürlich haben wir Angst davor, uns ohne unsere Maske in der Welt zu bewegen. Denn oft werden wir in der Welt draußen für jede Schwäche, die wir zeigen, gekreuzigt, verurteilt und beschuldigt. Es fühlt sich nicht sicher an, zuzulassen, dass andere Menschen sehen, wer wir wirklich sind und wie wir uns wirklich fühlen. Wir haben Angst und schämen uns für das, was in uns ist. Wie Adam und Eva verstecken wir unsere Angst und geben vor, glücklich zu sein, auch wenn wir es nicht sind.

In unserer Heilungsarbeit bauen wir behutsam einen Raum bedingungsloser Liebe und Annahme auf, damit es sich sicher anfühlt, anderen unseren Schmerz mitzuteilen. Wir nutzen die Richtlinien für den *Affinity*-Prozess, sodass jeder von uns die Verantwortung für seine Erfahrung übernimmt und seine Angst und Scham nicht auf andere projiziert. (Weitere Informationen zum *Affinity*-Gruppenprozess siehe in meinen Büchern »Im Herzen leben« und »Die Schlüssel zum Königreich«.)

Wir lernen, aus dem Herzen zu sprechen und zuzuhören. Wir lernen, einander zu vertrauen im Bewusstsein der Wahrhaftigkeit unserer Erfahrung, sodass wir uns nicht mehr verstecken müssen. Wir kommen aus unserem dunklen Kämmerchen heraus. Wir geben uns selbst die Erlaubnis, gesehen und gehört zu werden. Wir geben uns die Erlaubnis, geliebt und akzeptiert zu werden – so, wie wir eben sind.

Der Großteil der Arbeit in Phase eins besteht darin, eine Gemeinschaft der Heilung zu schaffen, einen sicheren Raum, in dem wir unserem Schatten und dem Schatten anderer mitfühlend begegnen. Und während wir dort unsere Wahrheit sprechen, bemerken wir, dass unsere Erfahrung sich gar nicht so sehr von der Erfahrung anderer unterscheidet. Unser Schmerz ist ihr Schmerz. Unsere Probleme und Sorgen, unsere Selbstverurteilungen, unsere Minderwertigkeitsgefühle sind gar nicht so verschieden von denen anderer. Wir leben in einer ähnlichen psychischen Welt, in der unsere Angst und Scham immer wieder aufkommen.

Jahrelang glaubten wir, die Einzigen zu sein, die sich so unzureichend fühlten. Wir dachten, alle anderen da draußen seien glücklich und ausgeglichen. Wir wussten nicht, dass wir nur auf ihre Masken sahen, die sie trugen. Aber in dem liebevollen, urteilsfreien Raum unserer Heilungsgemeinschaft, wo es ungefährlich ist, unsere Masken abzunehmen, begreifen wir, dass wir nicht die Einzigen sind, die Schmerz empfinden. Wir sind nicht die Einzigen, die sich mit Angst und Schamgefühlen plagen. Wir sind nicht die Einzigen, die sich schuldig, angsterfüllt und nicht liebenswert fühlen. Jeder in diesem Raum fühlt sich so. Es ist nur das erste Mal, dass wir anderen unseren Schmerz mitteilen. Das ist ein Meilenstein für uns alle, und daraus entsteht die Dynamik, die wir brauchen, um aus unserer Verleugnung zu kommen.

Wir bewegen uns aus einer Welt heraus, in der wir unsere Ängste und Schwächen nicht zugeben können, hinein in eine Welt, wo es sich sicher anfühlt, anderen gegenüber ehrlich zu sein. Wir bewegen uns weg von einer Welt, in der wir die Wahrheit verbergen müssen, hin zu einer Welt, in der alle die Wahrheit anerkennen können.

In Phase eins der Arbeit begegnen wir unserem Schmerz. Wir teilen ihn mit anderen. Wir werden Zeuge der Universalität unseres Schmerzes und lernen, mit uns selbst und anderen behutsam umzugehen.

Anstatt uns für unsere Gefühle zu schämen, lernen wir, sie zu akzeptieren und uns durch sie hindurchzubewegen. Wir unterstützen einander, indem wir einen Raum des Mitgefühls halten, innerhalb dessen wir uns mit unseren Ängsten konfrontieren können. Wir lernen, unsere Schattenseiten mit den Augen der Liebe zu betrachten. Das bedeutet, dass wir keine Angst mehr vor unseren ungeheilten Aspekten oder vor jenen der anderen haben müssen.

In der Gemeinschaft können wir einen Raum für die Heilung schaffen. Gemeinsam können wir eine liebevolle Umgebung hervorbringen und eine Kultur der Vergebung, die es uns ermöglicht, uns selbst zu erkennen und Verantwortung für unsere Urteile zu übernehmen, sodass wir aufhören, andere anzugreifen.

Uns mit der Liebe zu verbinden, wird zu einem wichtigen Aspekt der Arbeit in Phase eins. Wir können unseren Schatten und die Schattenseiten anderer nicht erkennen, solange wir uns nicht geliebt und akzeptiert fühlen. Ohne die Verbindung zur Liebe lehnen wir den Schatten entweder ab oder verleugnen ihn (wie wir das bislang gemacht haben) – oder aber wir identifizieren uns mit ihm und glauben, dass wir dieser Schatten sind. Dann wenden wir uns entweder von unserer Heilungsreise ab, weil sie uns zu viel Angst macht, oder wir begeben uns in unsere persönliche Unterwelt, ohne eine Taschenlampe mitzunehmen, mit der wir sie erhellen könnten. Keine dieser Alternativen ist konstruktiv.

Bevor wir die Unterwelt betreten, um unserem Schatten ins Auge zu sehen, müssen wir uns die Zeit nehmen, die wir brauchen, um uns mit dem Licht und der Liebe mitfühlenden Gewahrseins auszurüsten.

Phase zwei des Wegweisers zu Heilung und Transformation wird uns mit unseren tiefsten Verletzungen und dysfunktionalen Glaubensmustern konfrontieren, die uns selbst betreffen.

Wir müssen bereit sein, um all das anzuschauen. Wir müssen wissen, dass wir unsere Ängste und Schamgefühle ertragen und in behutsamer, liebevoller Weise halten können. Wir müssen wissen, dass wir all unsere abgelehnten und verleugneten Aspekte in uns sehen und akzeptieren können. Das hilft uns, sie aufzuarbeiten und zu integrieren. Auf diese Weise stellt sich ein Ganzsein in unserer Psyche ein.

Die Reise in die Unterwelt

Mach dir keine Illusionen. Es braucht Mut, um die Reise nach innen zu beschreiten.

In Phase zwei sind wir gefordert, unsere Mutter- und Vaterwunden anzuschauen und durch die Angst und die Schamgefühle, die damit verbunden sind, zu gehen. Wir sind gefordert hinzusehen, wo unsere Muster des Selbstbetrugs in der Kindheit begannen und auf welche Weise sie sich im Erwachsenenleben fortgesetzt haben, wo sie die Entscheidungen in Bezug auf unsere Arbeit und unsere Beziehungen beeinflussen.

Wir sind gefordert, die gesamte Konstruktion unseres Lebens zu betrachten: wie wir unsere Macht abgegeben und anderen erlaubt haben, Entscheidungen für uns zu treffen, oder wie wir uns als Aufseher oder Kontrollfreak gezeigt haben, indem wir anderen ihre Macht entzogen und unangemessenerweise für sie Entscheidungen trafen.

Wir sind gefordert, den ganzen generationsübergreifenden Kreislauf des Missbrauchs zu erkennen, zu verstehen, wie Opfer zu Tätern werden und wie wir zu Mutter oder Vater werden und die Verletzungen, die wir von ihnen empfangen haben, an unsere Kinder weitergeben.

Was wir da zu sehen bekommen, ist nicht gerade angenehm oder hübsch anzuschauen. Das ist der Grund, warum die meisten Menschen sich nicht auf diese Reise begeben, oder wenn doch, treten sie wieder den Rückweg an, bevor sie das Licht am Ende des Tunnels sehen.

Es braucht viel Mut, deine Kernwunde zu fühlen und zu transformieren. Als Kind warst du dazu nicht in der Lage. Es war zu beängstigend und übermächtig. Du hattest nicht die Ich-Stärke oder das Selbstbewusstsein, um dem ins Auge zu sehen. Du hattest die Unterstützung anderer nicht. Es war eine einsame Zeit, und du hast getan, was wir alle tun: Du hast sie verdrängt, verleugnet, versteckt, begraben: aus den Augen, aus dem Sinn. Das ist in Ordnung. Was hättest du sonst tun sollen?

Obwohl du sie eine Zeit lang los warst, kommen sie zwangsläufig wieder. Deine Verletzungen und die Muster des Selbstbetrugs kommen in jeder engen Beziehung, die du eingehst, erneut hoch.

Deine Kinder, deine Eltern, deine Geschwister und deine Mitarbeiter, selbst Fremde, denen du begegnest, bringen dich auf die Palme. Du wirst getriggert, wenn du es am wenigsten erwartest. Trotz deines Versuchs, deine Gefühle hinter deiner Maske zu verbergen, kann Wut (bis zur Raserei) hervorbrechen. Oder du lässt es vielleicht zu, dass du emotional oder physisch missbraucht wirst. All das ereignet sich in deinem Leben oder im Leben eines Menschen, der dir nahesteht. Das ist die Normalität. Trotzdem will niemand darüber reden.

Es gibt da offensichtlich ein Komplott des Schweigens. Niemand will sich damit auseinandersetzen. Und dann wundern sich die Menschen, warum jemand losgeht, ein Maschinengewehr kauft und zehn Menschen am Arbeitsplatz oder in der Schule erschießt oder seinen

Ehepartner oder seine Kinder umbringt. Das sind schreckliche Ereignisse. Wenn man sich darum nicht kümmert, wenn man sich dem nicht stellt und es heilt, fördert das den Zyklus der Gewalt.

Gewalt beginnt in unseren Herzen und in unserem Geist. Sie dehnt sich auf unsere Familien und Gemeinschaften aus. Sie führt zu Krieg und Völkermord. Sie durchdringt das kollektive Bewusstsein. Die Menschen möchten das töten, was sie nicht verstehen oder akzeptieren können. Sie möchten ihren Schatten in Gestalt der anderen zerstören. Sie dämonisieren einander, damit sie den Schmerz ihrer Überschreitungen nicht wahrnehmen müssen. Sie denken, sie töten dreckigen Abschaum oder Teufel, nicht andere Menschen. In Wahrheit aber töten sie ihre Mütter und Väter. Sie töten ihre eigenen Kinder. Sie bringen ihre Brüder und Schwestern um. All das nur deshalb, weil sie sich selbst hassen. All das geschieht, weil sie nicht in der Lage waren, ihrem eigenen Schatten mit Mitgefühl zu begegnen. Nur weil sie nie gelernt haben, ihrem verwundeten Inneren Kind Liebe entgegenzubringen.

Das verletzte Innere Kind heilen

In Phase zwei lernen wir, die zurückgewiesenen Aspekte unseres Selbst zurückzuholen. Wir schauen uns an, was wir nicht leiden können, wofür wir uns schämen. Wir nutzen den Spiegel, den andere Menschen uns vorhalten, um zu erkennen, was wir an uns selbst verurteilen. Wir lernen, unser verletztes Inneres Kind, den Teil, der sich abgelehnt und unwert fühlt, den Teil, der sich fühlt, als ob er nicht einmal das Recht hätte, Luft zu atmen, anzuschauen und für ihn da zu sein. Für den Teil von uns, der glaubt, schlecht, böse, schmutzig, hässlich und nicht liebenswert zu sein. Wir lernen, bei dem Kind zu sitzen, während es schreit und tobt. Wir lernen, ihm geduldig zu folgen, wenn es wegrennt und sich versteckt. Wir lernen, es auf den Arm zu nehmen, wenn es versucht, sich an unsere Füße zu klammern.

Ganz egal, wie schwer das ist, und ganz egal, wie lange es braucht: Wir lernen, für dieses kleine Kind da zu sein und es in unsere Arme zu schließen. Wir lernen, ihm zu sagen: »Ich werde dich nicht mehr ablehnen oder verlassen. Ich werde dir keine Schuld zuweisen, dich nicht kritisieren oder an dir irgendetwas auszusetzen haben. Ich werde dir weder all das antun, was Mama oder Papa dir angetan haben, noch werde ich dir das zufügen, was ihr Beispiel mich lehrte. Ich werde niemand sein, der dich angreift. Ich werde hier bei dir bleiben und lernen, dein Freund zu sein. Ich werde dich akzeptieren, den Raum für dich halten, werde lernen, dich zu lieben, damit dein Schmerz heilen kann, damit du erwachsen werden und deine Gaben zum Ausdruck bringen kannst. Ich werde die mitfühlende Mutter und der mitfühlende Vater sein, die du nie hattest.«

Es versteht sich von selbst, dass dies ein tiefgreifender Heilungsprozess ist, der sich nicht von jetzt auf gleich vollzieht.

Es braucht viel Geduld und Überzeugung, für dich selbst in dieser Weise einzustehen. Es wir aber nichts anderes nützen. Du bist der Bote der Liebe für deine eigene Erfahrung. Kein anderer kann dir das abnehmen. Nicht Mama und nicht Papa. Nicht dein Mann oder deine Frau. Du bist die Person, die lernen muss, dir Liebe zu schenken. Einzig deine eigene Liebe wird deine Verletzung heilen.

Viele versuchen, den Weg der Heilung abzukürzen, doch diese Abkürzungen sind immer eine Form der Verleugnung. Sie versuchen, den Schmerz wegzukriegen. Sie laden ihn nicht ein, um seine transformierende Botschaft hören zu können.

Abkürzungen beschuldigen und bestrafen das Kind immer wieder von Neuem. Sie vermitteln ihm: »Du bist nicht spirituell, sonst wärst du schon längst geheilt. Du musst dieses oder jenes tun oder sagen.« Das ist zwar alles nur Hokuspokus, aber das Kind glaubt es, weil es sich für so etwas hält wie beschädigte Ware, die repariert werden muss. Allzu gern stimmt es einem weiteren Rettungsplan zu.

Natürlich wird keiner dieser Pläne je gelingen. Sie sind allesamt zum Scheitern verurteilt – und wenn sie dann scheitern, verschlimmern sie nur die Verletzungen des Kindes und verstärken den Glauben daran, dass es einfach nicht in der Lage ist, etwas richtig zu machen.

Das Einzige, was hilft, sind Liebe und Akzeptanz. Durch Liebe und Annahme bauen wir eine vertrauensvolle Beziehung zu dem Kind in uns auf; und mit der Zeit wird es allmählich neu geprägt und wächst geheilt und innerlich gestärkt auf. Es ist ein Prozess, der Jahre braucht, nicht etwa nur Tage oder Wochen oder Monate.

Diese Tatsache sollte dich nicht davon abbringen, dich darauf einzulassen. Wenn du echte Heilung und wahres Glück willst, wird das Zeit, Geduld und Einsatz erfordern. Wenn du das erkannt hast, wirst du gut gerüstet sein und Erfolg haben.

Wahre Heilung und Transformation

Erfolg auf der Heilungsreise geht mit wahrer Transformation einher, nicht nur mit einer kosmetischen Verschönerung. Wahre Heilung vollzieht sich von innen nach außen, und sie erstreckt sich auf jeden deiner Lebensbereiche. In Phase drei dieses Wegweisers dreht sich alles um Selbstermächtigung und konkrete Ergebnisse.

Deine Beziehung hat sich gewandelt, weil du gelernt hast, dem Kind in deinem Inneren Liebe zu geben. Du hast gelernt, mit ihm in Verbindung zu bleiben, ihm aufrichtig deine Gefühle zu zeigen und dementsprechend zu handeln. Wenn Angst hochkommt, weißt du, wie du sie mitfühlend halten kannst. Wenn Urteile in dir entstehen, hältst du sie behutsam und gibst dem Teil von dir Liebe, der sich unsicher oder wertlos fühlt. Weil du eine liebevolle Beziehung zu dir selbst aufgebaut hast, ist wahres Glück im Beruf und in den zwischenmenschlichen Beziehungen möglich. Du bist in der Lage, deine schöpferischen Gaben zu erkennen, zu nähren und zum Ausdruck zu bringen. Du kannst dich mit deinem Herzenswunsch verbinden und das tun, was du zu tun liebst, wobei du anderen Inspiration und Freude bereitest. Du bist in der Lage, eine liebevolle, gleichberechtigte Beziehung mit einem Partner anzuziehen, der sein Leben mit dir teilt und dich auf deiner Heilungsreise begleitet.

Du lernst, die Stimme der inneren Führung zu hören und ihr zu vertrauen, du lernst, angemessene Risiken einzugehen und durch die offenen Türen in deinem Leben zu gehen. Du kannst fühlen, wie sich dein Leben von innen nach außen entfaltet. Die Menschen, die du treffen sollst, werden in dein Leben gezogen. Die Mittel und die Unterstützung, die du brauchst, fallen dir ohne großes Nachdenken und ohne Anstrengung zu. Du bist flexibel und bewegst dich mit dem Fluss des Universums. Was einst schwierig war, wird nun leicht. Was einst ein Kampf war, wird jetzt mühelos. Du lebst nicht mehr in Mangel und Aufopferung, sondern in Freude und Fülle.

Deine Liebe zu dir selbst ist so stark und beständig, dass sie jeder in deiner Nähe spüren kann. Menschen fühlen sich zu dir hingezogen, um Rat, Trost und Unterstützung zu erhalten. Menschen mit Verletzungen, die deinen ähneln, kommen an deine Haustür, in dein Büro, deine Kirche oder dein Bethaus. Auf ganz natürliche und spontane Weise beginnst du, all die Gaben, die du auf deiner Heilungsreise empfangen hast, an andere weiterzugeben.

Sei es formell oder informell: Du beginnst, dem übergeordneten Wohl und dem allumfassenden Plan für die Heilung des Planeten zu dienen. Du trägst deinen Teil bei, ganz egal, welcher das ist. Du trittst in deine Bestimmung und spielst die einzigartige Rolle, die dir gemäß ist. Deine Gaben und Talente, deine Weisheit und Stärke dienen einem höheren Zweck. Durch dich erfahren andere Heilung und entdecken die Wahrheit in sich. Indem du zum Überbringer der Liebe für deine eigene Erfahrung geworden bist, unterstützt dich das Universum darin, als spiritueller Führer für andere hervorzutreten. Du hältst die Fackel bedingungsloser Liebe mit Zuversicht, zeigst anderen den Weg und beleuchtest ihre Pfade. Dein Wille und der große Wille des universellen Schöpfers werden eins.

Wenn deinem Herzen Heilung zuteil wird, kommt der Himmel auf die Erde, und Frieden gelangt in die Welt, in der du lebst.

Möge deine Erfahrung mit diesem Wegweiser so kraftvoll und transformierend sein wie für uns alle, die wir diese Reise unternommen haben.

Namaste.

TEIL EINS

Erwachen

Wegweiser zu wahrem Glück

PHASE EINS

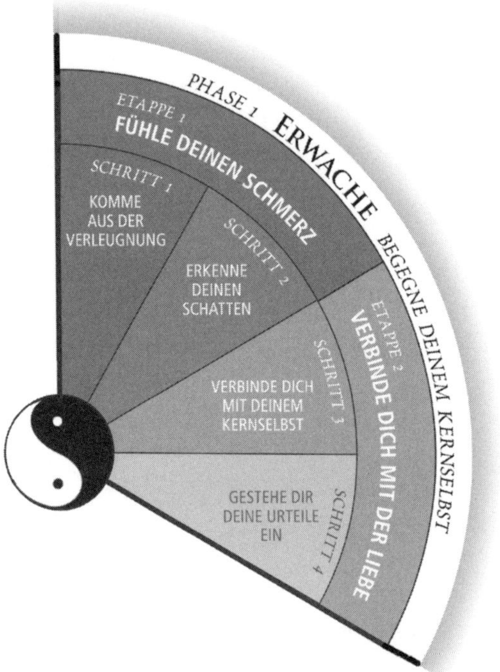

SCHRITT

1

Komme aus der Verleugnung

ZIEL

Fühle deinen Schmerz
und erkenne ihn als einen Weckruf

Strategie

Lass deine Maske fallen. Öffne dein Herz.
Finde Zugang zu deinen Gefühlen und teile sie anderen mit.

Es ist eine unbequeme, aber wichtige Wahrheit, dass du nicht heil werden kannst, solange du dir deinen Schmerz, deine Angst und deine Schuldgefühle nicht eingestehst. Du kannst keine Heilung erfahren, solange du deine negativen Gefühle verbirgst und solange du nicht damit aufhörst, vorzugeben, dass du glücklich bist, obwohl du es nicht wirklich bist. Du musst authentisch sein, um glücklich sein zu können. Du musst aus dem dunklen Kämmerlein herauskommen.

Schmerz ist ein Weckruf. Deshalb ist das Fühlen und Anerkennen deines Schmerzes der erste Schritt im Prozess der Heilung. Alles, was dich davon abhält, deinen Schmerz zu spüren und seinen Ursprung zu ergründen, ist ein Akt der Verleugnung. Es ist ein Versuch, den Ruf deines Herzens und deiner Seele, zu erwachen und heil zu werden, zu ignorieren.

Alle Süchte und Zwänge sind ein Ausdruck von Verleugnung. Sie betäuben deinen Schmerz oder helfen dir, vor ihm zu fliehen. Solange du süchtig bist, wirst du die Tiefe deines Schmerzes nicht spüren, und du wirst wenig geneigt sein, ihn zu heilen.

Deine Maske abnehmen

Deine Maske oder Persona hilft dir, soziale Anerkennung zu bekommen. Sie hilft dir, normal und ausgeglichen zu wirken, auch wenn du es nicht bist. Sie verbirgt deinen Schmerz und zeigt anderen

Menschen eine aufbereitete Version von dir. Sie sehen deine Angst, deine Schuldgefühle, deine Trauer, deine Selbstverurteilung nicht. Sie sehen nicht, wie dein Herz schmerzt oder wie dein Gemüt von Angst umklammert ist. Mit anderen Worten: Deine Maske verbirgt deine Schattenanteile. Sie ist wie Make-up oder Haarspray. Ersteres verdeckt deine Pickel, und Letzteres sorgt dafür, dass dein widerspenstiges Haar auch an einem schlechten Tag gut in Form bleibt. Es sorgt dafür, dass alles besser aussieht, als es ist, damit der Schatten verborgen bleiben kann.

Die Kosmetikindustrie profitiert enorm von unserem Versuch, die Schattenseiten zu verleugnen. Man lässt Gesichtsliftings, Fettabsaugungen und Brustimplantate machen, weil man sich mit dem nachlassenden Gewebe und den Falten seines alternden Körpers nicht wohlfühlt. Man will einen perfekten Körper und ein perfektes Leben. Natürlich ist der Versuch, Perfektion im Körper oder in der Außenwelt zu finden, zum Scheitern verurteilt. Der Körper welkt und stirbt. Die Welt ist ein unbeständiger Ort. Hier gibt es keine Sicherheit.

Wahres Glück kann nicht im Außen gefunden werden. Es ist nur im Inneren zu finden. Du kannst es nur finden, indem du eine liebevolle Beziehung zu dir selbst aufbaust; und eine solche Beziehung kannst du nur entwickeln, wenn du dich akzeptierst, wie du bist, mit Warzen und allem Drum und Dran.

Das bedeutet, dass du mit deinen Schattenseiten Frieden schließen musst. Du musst lernen, all diese Aspekte von dir zu sehen – körperliche, emotionale und geistige –, die nicht ideal sind und eine Herausforderung für dich und deine Mitmenschen darstellen. Du musst bereit sein, nicht nur zu sehen, wo der Körper nachlässt oder sich unelegant nach außen ausdehnt, sondern auch, wo dein Herz sich verletzt oder traurig fühlt. Du musst lernen, deine gesamte Erfahrung einzubeziehen, mit allen Höhen und Tiefen, Gutem und Schlechtem, Licht und Schatten.

Licht und Schatten

Es mag sein, dass die Menschen deine Maske lieben, aber sie sehen, akzeptieren oder wissen nicht unbedingt, was sich unter der Maske befindet. Es könnte sein, dass nicht einmal du selbst den tiefer liegenden, unzivilisierten Teil von dir kennst. Es mag sein, dass du von deinem Emotionalkörper, dem Schmerz und den Sehnsüchten deines Herzens abgeschnitten bist.

Dein Schatten ist hinter deiner Maske weggesperrt. Normalerweise liegt er im Bereich des Unbewussten, und das ist der Grund, warum so wenige Menschen mit ihm in Verbindung stehen. Im Allgemeinen siehst du ihn nur dann, wenn du getriggert wirst und dein Schmerz hervorbricht. Das geht oft heftig und überraschend vor sich. Du nimmst ungeheilte Wunden wahr, von denen dir gar nicht bewusst war, dass du sie hast.

Unsere Beziehungen drücken unweigerlich unsere Knöpfe, und es ist unvermeidlich, dass unser Schmerz durch die Maske sickert. Wie die meisten Menschen wirst wahrscheinlich auch du versuchen, einen solchen Ausbruch deines Schattens zu verhindern, weil du dich nicht mit deinem Schmerz oder dem Schmerz anderer befassen möchtest.

Die Gesellschaft belohnt dich dafür, eine gute Maske zu besitzen und hinter ihr zu leben. Es geht vor allem darum, »das Gesicht zu wahren«. Es geht vor allem darum, gut auszusehen, auch wenn du dich nicht gut fühlst. Es geht vor allem darum, deinen Schatten zu verleugnen und deinen Schmerz und deinen Selbstbetrug nicht anzuschauen.

Von daher ist es ein revolutionärer Akt, wenn du deine Maske abnimmst. Es ist der erste Schritt in dem Prozess, deinen Schmerz zu heilen und eine Integration von Schatten und Persona zu vollziehen.

Aus deinem Schneckenhaus herauskommen

Manche Menschen schaffen es nie, sich eine gute Maske zuzulegen. Sie können sich Normen nicht so leicht anpassen. Wenn andere sie beurteilen oder kritisieren, laufen sie weg. Sie ziehen sich in ein emotionales Schneckenhaus zurück. Sie verstecken sich dort und bleiben unsichtbar, damit niemand sie kritisieren, sie zurückweisen oder den Versuch unternehmen kann, sie zurechtzubiegen.

Während die Maske dazu dient, gesellschaftliche Akzeptanz zu bekommen, indem wir unsere »gute« Seite zeigen, dient das Schneckenhaus dazu, uns von anderen zu isolieren, damit sie uns nicht beschuldigen oder angreifen können (uns »schlechtmachen« oder »falsch« dastehen lassen). Manche von uns entwickeln Masken. Manche bauen Schneckenhäuser. Manchmal tun wir beides gleichzeitig oder in unterschiedlichen Phasen unseres Lebens.

Der Schneckenhausbauer hat normalerweise kein besonders ausgeprägtes gesellschaftliches Leben. Sein Bedürfnis nach Zugehörigkeit bleibt ungestillt. Er ist lieber frei und unabhängig, als den Verlust seiner Freiheit zu riskieren, indem er sich den Vorstellungen und Erwartungen anderer anpasst.

Wenn du eine Maske trägst, können andere nicht sehen, wer du wirklich bist. Du zeigst ihnen ein Falsches Selbst. Wenn du dich in einem Schneckenhaus versteckst, können andere dir nicht nahekommen. Du versteckst dich vor ihnen, weil du Angst vor ihrer Kritik oder Ablehnung hast. Wie du wahrscheinlich weißt, beginnt das Maskenbilden und Schneckenhausbauen in einem zarten Alter.

Bei diesem ersten Schritt deines Heilungsprozesses geht es darum, dich zu jeglicher Art von Verleugnungsmechanismus zu bekennen, die du angewandt hast. Du bist aufgefordert, deine Maske abzunehmen oder aus deinem Schneckenhaus herauszukommen. Du musst für dich und andere sichtbar werden, genau so, wie du bist.

Die Kraft der Heilungsgemeinschaft

Schritt eins fordert dich auf, aus dem Versteck herauszukommen. Er fordert dich auf, dich nicht mehr zu verstecken und nicht weiter vorzugeben, jemand anderer zu sein, sondern damit zu beginnen, ehrlich zu zeigen, wer du bist – du musst kein Leben in Lüge mehr leben. Tatsächlich liegt der Grund, warum du Schmerz empfindest, genau darin, dass du in Lüge gelebt hast. Du zeigst nicht ehrlich, wer du bist.

Ehrlich zu sein bedeutet, dir selbst und anderen deinen Schmerz einzugestehen. Es bedeutet, alle Anteile von dir anzuschauen, die du noch nicht gelernt hast zu lieben. Es bedeutet, dass du deiner Angst begegnest und durch deine Gefühle der Scham hindurchgehst.

Natürlich braucht es dafür deinerseits Mut, und es bedarf einer Umgebung, in der es ungefährlich ist, du selbst zu sein. Das setzt voraus, eine liebevolle Gemeinschaft zu schaffen, in der du und andere eure Wunden heilen und in eure Kraft und Bestimmung kommen könnt.

Eine Heilungsgemeinschaft bietet ein lang ersehntes Gegenmittel zu der Erfahrung, die du in deiner Ursprungsfamilie gemacht hast. Es war nicht der Fehler deiner Eltern. Sie waren ebenso verletzt und lehrten dich nur, was ihre Eltern sie gelehrt hatten. Hier geht es nicht darum, den Fehler bei deinen Eltern zu finden oder zu versuchen, sie für deinen Schmerz verantwortlich zu machen. Das ist Zeitverschwendung. Das führt zur Opferhaltung, nicht zur Selbstermächtigung.

Dennoch willst du nicht in der Verleugnung deiner Vergangenheit leben. In dem Maß, in dem du dich in deiner Familie nicht sicher oder von deinen Eltern und Geschwistern nicht akzeptiert fühltest, hast du gelernt, eine Maske aufzusetzen oder ein Schneckenhaus zu bauen. Das ist der Zeitpunkt, zu dem du begonnen hast, dich selbst zu betrügen oder dich von anderen abzusondern. Das ist der Zeitpunkt, zu dem du gelernt hast, eine Lüge zu leben oder dich von deinen Gefühlen abzuspalten.

Nun, da du aus der Verleugnung herauskommst und bereit bist, deine Gefühle wahrzunehmen, brauchst du eine liebende Familie, in der die Gefühle akzeptiert und die Menschen ermutigt werden, sie selbst zu sein. Die Heilungsgemeinschaft breitet ihre liebenden Arme um dich, während du aus dem Schneckenhaus hervorkommst oder deine Maske abnimmst. Sie ermutigt dich darin, ehrlich und authentisch zu sein. Sie lädt dich dazu ein, anderen deine innere Wahrheit mitzuteilen.

Eine Gruppe zur Unterstützung gründen

Hoffentlich liest du dieses Buch mit einer Gruppe von Gleichgesinnten, die bereit sind, zu heilen und in ihre Kraft zu treten. Im Idealfall widmet ihr euch der Arbeit, die in diesem Buch dargestellt wird, in einer kleinen Gruppe von acht bis zehn Personen, die sich über einen Zeitraum von mindestens zwölf Wochen wöchentlich trifft. Wenn du keine solche Gruppe hast, möchte ich dich ermutigen, das Training für Gruppenleiter zu absolvieren und damit zu beginnen, selbst eine Gruppe in deiner Gemeinschaft ins Leben zu rufen. Im Zuge unserer Schulungen wirst du diese Arbeit an drei Wochenenden in der Tiefe erfahren. Du wirst feststellen, dass dies eine lebensverändernde Erfahrung ist. Diese Schulungen werden dich tief in den hier dargelegten Konzepten und spirituellen Übungen verankern. Sie werden dir helfen, zu erwachen, zu heilen und in deine Kraft und deine Bestimmung zu finden. Dann wirst du reif sein, diese Arbeit mit anderen zu teilen.

Vier Wege, wie wir in der Verleugnung bleiben

Es gibt vier Wege, seinen Schmerz zu verleugnen:

1. Du trägst deine Maske.
2. Du verkriechst dich in deinem Schneckenhaus.
3. Du wirst von Substanzen abhängig, die deinen Schmerz maskieren.
4. Du intellektualisierst deine Gefühle.

Es mag sein, dass du ein, zwei, drei oder sogar alle vier dieser Verleugnungsmechanismen besitzt. Welche Verleugnungsmechanismen greifen bei dir? Die Art und Weise zu verstehen, wie du in der Verleugnung lebst, ist essenziell, damit du beginnen kannst, zu erwachen und Verantwortung für dein Leben zu übernehmen.

Alle Versuche, deinem Schmerz auszuweichen, indem du ihn verarztest, leugnest oder vermeidest, sind zum Scheitern verurteilt. Wenn du vor deinem Schmerz wegläufst, erzeugst du mehr Schmerz. Nur wenn du deinem Schmerz ins Auge siehst, kannst du durch ihn hindurchgehen.

Hab bitte keine Angst mehr vor deinem Schmerz. Betrachte ihn als deinen Verbündeten. Dein Schmerz ist ein Weckruf. Er sagt dir, was du in deinem Leben verändern, heilen oder bewegen musst.

Zwei Tipps, wie du deinen Schmerz fühlen und durch ihn hindurchgehen kannst

1. Geh nicht in deinen Kopf. Hör auf, zu analysieren, zu intellektualisieren oder zu versuchen, deine Gefühle zu rechtfertigen. Das ist

nur ein Mittel, die Gefühle wegzuschieben. Spüre einfach hinein, wie es sich anfühlt.

2. Leg deine Maske ab. Durchbrich deine Mauer der Isolation. Teile deinen Schmerz anderen mit, wenn es sich sicher anfühlt. Wenn du den Mut hast, deinen Schmerz mitzuteilen, erkennst du, dass du nicht der Einzige bist, der leidet. Das hilft dir, durch einige Scham zu gehen, und ruft eine Gemeinschaft ins Leben, die deine Heilung unterstützt.

Wichtige Fragen an dich

- Trage ich eine Maske, habe ich ein Schneckenhaus gebaut – oder beides?
- Wie sieht meine Maske aus und wann trage ich sie?
- Gibt es einen Ort, an dem es sich sicher genug anfühlt, meine Maske abzulegen?
- Wie sieht mein Schneckenhaus aus und wann ziehe ich mich dorthin zurück?
- Hält mich mein Schneckenhaus von anderen isoliert? Ist das der Preis, den ich dafür zahle, um mich sicher zu fühlen?
- Fällt es mir schwer, meine Maske abzunehmen und anderen meinen Schmerz mitzuteilen?
- Welche Süchte habe ich, die meinen Schmerz betäuben oder mich in die Lage versetzen, ihn zu vermeiden?
- Intellektualisiere ich meine Gefühle, damit ich meinen Schmerz nicht spüren muss?

SCHRITT

2

Erkenne deinen Schatten

ZIEL

Akzeptiere und integriere Licht und Dunkel in deiner Psyche

Strategie

Schaue mit Mitgefühl. Gehe behutsam mit dir selbst um.
Schaue, ohne zu bewerten oder dich fertigzumachen.

Der Schatten ist die dunkle Seite des Selbst. Die Persona (oder Maske) ist die helle Seite des Selbst. Wie die meisten anderen Menschen versuchst du, den Menschen deine helle Seite zu zeigen und die dunkle zu verbergen. Das ist aber nicht ganz ehrlich oder authentisch. Ein Teil von dir wird dadurch abgewertet, ignoriert und im Verborgenen oder Unbewussten gehalten.

Um authentisch und echt zu sein, musst du alles einbeziehen, was du bist – Licht und Dunkel, Stärken und Schwächen, was du magst und was nicht. Wenn Schatten und Persona sich verbinden, gelangt die Psyche zur Ganzheit, und wahres Glück ist möglich.

Der Schatten ist der Sitz deines Schmerzes. Er ist der Ort, an dem deine Angst und deine Scham wohnen.

Du versuchst, deinen Schatten hinter der Maske zu verbergen, was aber nicht funktioniert; und zwar deshalb nicht, weil du deine unbewussten Schattenanteile nach außen auf andere projizierst. Sie reagieren auf deine unbewussten wundgesteuerten Worte und Verhaltensweisen, und du reagierst wiederum auf ihre. Auf diese Weise bleibt dein Schatten (und ihrer) nicht verborgen, sondern wird dir durch andere gespiegelt. Andere Menschen zeigen dir deine niederen, ungeheilten Aspekte auf, derer du dir nicht bewusst bist und die du lernen musst zu erkennen, zu lieben und zu akzeptieren.

Projektion und Trigger

Zwangsläufig siehst du in anderen das, was du bei dir selbst nicht sehen oder dir nicht eingestehen willst. Wenn du nicht bereit bist, dem Schatten zu begegnen, indem du nach innen schaust, wirst du ihn außerhalb von dir entdecken. Er wird dir durch andere zurückgespiegelt werden.

Du willst den Schatten nicht anschauen, aber du hast keine andere Wahl. Alles, was in dir ungeheilt ist, wird nach außen gerichtet, und du wirst es in den Worten und Taten anderer Menschen sehen, die dich triggern.

Demzufolge besteht dein Schmerz nicht nur aus deiner Angst und deiner Scham, die du dir in deiner Kindheit angeeignet hast, sondern auch in deinen fortwährenden Urteilen über andere (projizierte Scham) und in deiner Wut auf andere (projizierte Angst). Aus diesem Grund muss jedes deiner Urteile und jeder Ausdruck deiner Angst Vergebung finden. Du kannst nicht heil werden, wenn du nicht vergeben kannst.

Als Jesus sagte: »Richtet nicht, auf dass ihr nicht gerichtet werdet«, sprach er eine wichtige Wahrheit. Denn jedes Mal, wenn wir an einem anderen etwas auszusetzen haben, machen wir uns schuldig. Jeder von uns ist Richter, Geschworener und Henker in einem.

Das spirituelle Gesetz der Gleichheit (siehe mein Buch »Die Gesetze der Liebe«) besagt, dass du niemanden verletzen kannst, ohne dich gleichzeitig selbst zu verletzen. Das ist nicht nur im übertragenen Sinne gemeint, sondern auch wörtlich. Du behandelst dich immer so, wie du andere behandelst. Wenn du Liebe bekundest, kommt Liebe zu dir zurück. Wenn du aber Kritik oder Ablehnung äußerst, werden auch diese zu dir zurückkommen. Wie du gibst, so empfängst du. Das ist das Gesetz des Lebens.

Es ist ein Fehler, zu denken, dass du oder jemand anderer gedeihen kann, indem er lügt, betrügt, kritisiert oder sich auf unfaire Weise

Vorteile verschafft. Das Leben ist ein Karussell. Wer anderen eine Grube gräbt, fällt selbst hinein. Das ist einfach so. Wenn du das jetzt noch nicht weißt, wirst du es früher oder später herausfinden.

Warum solltest du noch damit warten, ein spirituelles Prinzip in deinem Leben einzusetzen? Was du nicht willst, das man dir tu, das füg auch keinem andern zu. Gib so, wie du empfangen möchtest. Diene so, wie du möchtest, dass man dir dient. Liebe so, wie du geliebt werden möchtest, frei und bedingungslos.

Warum es so schwerfällt, andere zu lieben

Viele von uns haben die besten Absichten. Wir versuchen wirklich, andere zu lieben. Oft gelingt es uns, Menschen zu lieben, die unsere Wertvorstellungen teilen und nett zu uns sind. Sobald aber jemand in unser Energiefeld kommt und uns herausfordert, uns verurteilt und missbilligend anschaut, rasten wir aus. Die Wut, die zutage tritt, wenn wir getriggert werden, schockiert uns. Woher kommt diese Wut?

Die Antwort ist nicht schwer. Die Wut kommt aus der Angst und Scham, der Basis unseres Schattens. Unterm Strich: Wir befürchten, dass jemand uns verletzen (Angst) oder schlechtmachen (Scham) könnte. Angst und Scham haben ihre Wurzeln in unserer Kindheit. Wir hatten alle Angst vor unseren Eltern und anderen Autoritätsfiguren. Sie waren größer und stärker als wir. Und sie waren ebenfalls voller Angst. Wenn sie in die Angst gingen, folgten wir ihnen mit voller Kraft. Wenn sie uns verurteilten oder kritisierten, verinnerlichten wir die Botschaft.

In uns haben sich zunehmend Schichten aus Angst und Scham abgelagert, die wir mit uns herumtragen. Wenn Angst und Scham durch eine elterliche oder sonstige Autoritätsfiguren getriggert werden, rasten wir total aus. All unsere Wut und unser Selbsthass, die wir seit unserer Kindheit im Inneren aufgestaut haben, kommen hoch. Oder wir machen emotional dicht oder versinken in eine Depression, wenn uns beigebracht wurde, unsere Wut zu verdrängen und zu verleugnen.

Wir lernen also früh, dass es nicht einfach ist, andere Menschen zu lieben. Tatsächlich scheint es manchmal eine unmögliche Aufgabe zu sein. Vielleicht sind wir in der Lage, manche Menschen zu lieben, aber andere hassen wir. Wir sehen uns genötigt, sie anzugreifen, abzulehnen oder zu verlassen. Darauf sind wir zwar nicht stolz, wissen aber einfach nicht, wie wir dem eine andere Richtung geben können. Wir wissen nicht, wie wir andere bedingungslos lieben können.

Den Schatten lieben und akzeptieren

Die Wahrheit ist, dass wir niemals in der Lage sein werden, jemanden bedingungslos zu lieben, sofern und solange wir nicht in der Lage sind, uns selbst bedingungslos zu lieben. Das bedeutet, dass wir lernen müssen, unsere dunkle Seite zu akzeptieren und sie mit Mitgefühl zu halten. Wir müssen unsere Angst, unsere Scham, unsere Wut und unsere Urteile, unsere Süchte und Zwangshandlungen, unsere Vergehen gegen andere mit Verständnis und Akzeptanz sehen. Wir müssen uns unsere Wunden und die Wunden unserer Eltern mit Mitgefühl anschauen. Wir müssen erkennen, wie die Kette des Missbrauchs von Generation zu Generation weitergegeben wird.

Wir tun dies nicht, um uns in unserem Schmerz zu suhlen, sondern um seinen Ursprung zu verstehen. Wenn wir einmal Mitgefühl für das verletzte Innere Kind spüren, wenn wir einmal gelernt haben, das Kind in unsere Arme zu schließen und ihm die Liebe und Akzeptanz zu schenken, die es sich so verzweifelt wünscht, beginnen wir, unser Leben von innen nach außen zu transformieren. Der Schattenanteil beginnt sich zu integrieren, und die Spaltung in der Psyche beginnt zu heilen.

Indem wir mit unserem Schatten Frieden schließen, werden wir nicht mehr so leicht von der Schattenseite anderer getriggert. Wir reagieren nicht auf ihre Verurteilung, Kritik, Beschämung oder Beschuldigung. Wir wissen, dass diese von ihren Wunden herrühren. Das ist *ihr* Schmerz, nicht unserer. Darauf müssen wir uns nicht einlassen. Wir können es aber verstehen und einen Raum für sie halten, weil wir gelernt haben, den Raum für uns selbst zu halten.

Die Liebe und Akzeptanz unseres Schattens ist das Tor zur bedingungslosen Liebe anderen gegenüber. Das geschieht nicht über Nacht. Es erfordert große Geduld und großen Mut. Es erfordert jahrelange spirituelle Praxis, auf liebevolle Weise für uns selbst einzustehen. Wenn wir aber einmal damit begonnen haben, fällt es nicht schwer, für andere da zu sein.

Der Punkt ist, dass wir den Karren nicht vors Pferd spannen können. Wir können nicht versuchen, andere zu lieben, bevor wir gelernt haben, uns selbst zu lieben. Selbstliebe ist der Motor der Transformation. Und Schattenarbeit steht auf dem Lehrplan.

Die Projektion unserer Angst und Scham auf andere zieht uns in das Drama der Welt. Dort fließt all unsere Kraft in das Überleben und den Selbstschutz. Dort werden unsere Angst und Beklemmung verstärkt. Dennoch können wir uns nie sicher fühlen, egal, wie viele Schutzwälle wir um uns herum errichten.

Echte Sicherheit finden wir nur, indem wir Frieden mit unserem Schatten schließen. Dann ziehen wir die Schattenenergie anderer nicht an. Wir ruhen in unserem Herzen. Wir lernen, andere zu lieben, selbst wenn sie uns nicht lieben. Wenn andere versuchen, uns zu beschämen und zu beschuldigen, halten wir die andere Wange hin. Wir laden sie dazu ein, uns zu sehen, wie wir wirklich sind, als einen gleichwertigen Bruder oder eine gleichwertige Schwester.

Vom Schatten lernen

Wenn du dem Schatten eines Mitmenschen mit seiner wundgesteuerten Energie der Beschämung und Beschuldigung begegnest, hast du die Möglichkeit, eine ernsthafte spirituelle Übung zu absolvieren. Kannst du seine Unschuld hinter dem Schatten erkennen? Kannst du deine eigene Unschuld sehen und verstehen, auch wenn du beschuldigt wirst?

Wenn Menschen dich beschämen und beschuldigen, erkennst du dann, dass sie dir nur ihren eigenen Selbsthass und ihre Schuldgefühle zeigen? Würden sie dich angreifen, wenn sie sich selbst liebten und wüssten, dass sie unschuldig sind? Wahrscheinlich nicht!

Niemand beschämt andere, es sei denn, er fühlt sich weniger wert und unwürdig (Scham). Niemand greift einen anderen an, es sei denn, er hat Angst davor, physisch, emotional oder mental angegriffen zu werden (Angst). Betrachtest du seinen Angriff als einen Versuch, dich zu verletzen, oder als einen Ruf nach Liebe? Sagt er dir damit, dass er sich nicht geliebt fühlt und deine Liebe braucht?

Die Menschen, die deine Knöpfe drücken, sind deine besten Lehrer. Sie spiegeln dir deine ungeheilten Anteile wider. Wenn du hinter den Schatten schauen und das Licht, das sie in sich haben, dort sehen kannst, kannst du deine Unschuld bekräftigen, auch wenn du ihre Unschuld siehst. Du kannst erkennen, dass du selbst – genauso wie dein Bruder oder deine Schwester – in jedem Augenblick der Liebe wert bist.

Wenn du etwas anderes glaubst, dann spürst du Angst oder Scham in dir aufsteigen. In dem Fall ist es für dich an der Zeit, deine spirituelle Arbeit zu tun.

Es gibt keine Rechtfertigung dafür, andere *nicht* zu akzeptieren oder zu lieben. Es gibt niemanden, der deiner Liebe und Akzeptanz nicht wert wäre. Bei manchen Menschen mag es schwerfallen, sie zu lieben. Es kann sein, dass sie dich infrage stellen. Möglicherweise haben sie Eigenschaften, die deine eigenen unbewussten negativen Glaubensmuster widerspiegeln. Das bietet dir aber nur die Gelegenheit, dir deinen eigenen Schatten bewusst zu machen. Es ermöglicht dir, einem Teil von dir, den du niemals gemocht oder akzeptiert hast, mit Liebe zu begegnen.

Wenn jemand, der schwierig ist, sich in deinem Energiefeld befindet und deine Aufmerksamkeit fordert, darfst du sicher sein, dass er für dich da ist, damit du etwas Wichtiges lernen kannst. Findest du einen Weg, ihn mit Liebe zu sehen, dann schenkst du diese Liebe den am tiefsten liegenden und am schwersten verletzten Aspekten von dir.

Indem du mit dem Schatten Freundschaft schließt, musst du ihn nicht mehr auf andere projizieren. Dann kannst du deine Beziehungen zu den Menschen heilen, die dich bislang getriggert haben. Dann beginnt sich dein ganzes Leben zu transformieren.

Mit Mitgefühl schauen

Der Schlüssel zur Integration deines Schattens liegt darin, ihn mit Mitgefühl zu sehen. Das bedeutet, dass du dir deine Urteile über dich und andere anschauen musst, ohne dich deswegen fertigzumachen. Du musst die dunklen, ungeheilten Aspekte des Selbst sehen, ohne sie schlechtzumachen oder zu verteufeln.

Wenn du mit Akzeptanz und Mitgefühl schaust, bringst du Licht in die dunklen Bereiche deiner Psyche. Das erleuchtet sie und erzeugt das Potenzial für ihre Integration.

Wenn du mit den Augen der Verurteilung schaust, schiebst du andererseits den Schatten wieder in die Dunkelheit zurück, machst ihn schlecht, böse, unannehmbar, und ja, verbirgst ihn wieder vor den Blicken.

Der Grund, warum viele Menschen nicht heilen, liegt darin, dass sie ihren Schmerz und ihre Scham verleugnen und den Schatten unter ihre Maske schieben, anderen ihre glänzende Seite zeigen und ihre dunkle verstecken. Infolgedessen gestehen sie sich weder ihre Scham und Negativität ein noch heilen sie sie. Sie mögen oder akzeptieren ihren Schatten nicht. Ihre Angst und ihr Schamgefühl halten die Maske weiterhin aufrecht, und ihr Schatten bleibt verborgen. Aber tief im Inneren fühlen sie sich womöglich unsicher und ängstlich. Sie empfinden vielleicht eine tiefe, dunkle Wertlosigkeit und fürchten sich davor, dass sie aufgedeckt oder bloßgestellt wird.

Hinter ihrer Angst vor Bloßstellung liegt die Vorstellung, dass sie gedemütigt, abgelehnt oder gar bestraft würden, wenn ihr Schatten sichtbar würde. Diese Angst ist so groß, dass manche Menschen lieber sterben würden, als ihre dunklen Geheimnisse offengelegt zu sehen.

Schatten und Persona integrieren

Heilung erfordert die Integration von Schatten und Maske, Licht und Dunkel, Bewusstem und Unbewusstem in deiner Psyche. Das Ergebnis ist Ganzheit.

Weder der Schatten noch die Persona erzählen die ganze Wahrheit über dich. Um die Wahrheit zu finden, musst du Licht und Dunkel in deiner Psyche integrieren. Auf diese Weise wirst du echt. Du schaust dir deine Stärken und Schwächen an. Du siehst sowohl den zuversichtlichen Erwachsenen als auch das verängstigte kleine Kind. Indem du Licht und Dunkel, Bewusstes und Unbewusstes, Gutes und Schlechtes integrierst, beginnst du, deine gespaltene Psyche zu heilen.

Die Trennung der Psyche in Schatten und Persona erzeugt eine Art Spaltung innerhalb deines Bewusstseins, die dann nach außen in deine Beziehungen projiziert wird. Heilung setzt voraus, dass du diese Spaltung in dir heilst.

Wenn du im Frieden mit deinem Schatten bist, wird Frieden in deinen Beziehungen und in deiner Welt tatsächlich möglich. Innere Ganzheit – die Erlösung des Schattens von der Dunkelheit des Unbewussten – wird so zur Grundvoraussetzung für die Heilung sowohl des individuellen als auch des kollektiven menschlichen Bewusstseins.

Die Büchse der Pandora öffnen

Deinem Schatten zu begegnen ist, als würdest du Pandoras Büchse öffnen. Alle möglichen unerwarteten Dinge purzeln heraus. Tatsächlich beginnt damit der Abstieg in die Unterwelt, um die abgelehnten Aspekte deines Selbst zurückzuholen und zu rehabilitieren. In diesem Prozess gelangt dein Unbewusstes ins Bewusstsein. Licht wird in die Dunkelheit gebracht.

Bei dieser Arbeit geht es nicht darum, Angst und Schamgefühle loszuwerden – weil dasjenige, dem du Widerstand leistest, bestehen bleibt und sich verstärkt –, sondern vielmehr darum, deine Angst und Scham in deine bewusste Wahrnehmung zu holen.

Wenn du Licht ins Dunkel bringst, wird die Dunkelheit erleuchtet. Wenn du dir deiner Angst und Scham bewusst wirst, wird ihre zerstörerische Kraft zerstreut. Wenn du lernst, deine Angst und Scham mit Mitgefühl anzusehen und zu halten, fängst du an, das wütende kleine Kind im Inneren, das sich nicht geliebt fühlt, zu umarmen.

Wenn du erst einmal das Bewusstsein (Licht) hast, kannst du Mitgefühl (Liebe) aufbringen. Das ist es, wozu dich diese Arbeit auffordert: Licht und Liebe zu bringen – zunächst dir selbst, dann anderen. Es erfordert Mut und Mitgefühl, dir deines Schattens bewusst zu werden. Du brauchst Mut, um dir die Anteile anzusehen, die du nicht magst. Ebenso brauchst du Mitgefühl; sonst wirst du mit den Augen der Verurteilung schauen – was dein Gefühl der Scham nur noch verstärkt. Dein Ziel an dieser Stelle ist, ohne Verurteilung zu schauen. Du lernst also, deine Ängste und Urteile behutsam zu halten, wenn sie hochkommen, ohne ihnen Glauben zu schenken. Bringe all den ungeheilten Aspekten deines Bewusstseins Liebe und Akzeptanz entgegen. Mache dir klar, dass unter aller Negativität in deiner Psyche eine Verletzung liegt, die geheilt werden muss, und sei dir bewusst, dass du den ersten Schritt machst, um sie zu heilen. Nimm wahr, wenn andere dich triggern, und frage dich, ob du bei ihnen Schatteneigenschaften siehst, die du bei dir selbst nicht akzeptieren möchtest. Sei mutig, sei aber auch behutsam mit dir selbst und anderen.

Wichtige Fragen an dich

- Was weigere ich mich an mir selbst zu lieben oder zu akzeptieren?
- Welche positiven oder negativen Eigenschaften projiziere ich auf andere, habe aber Mühe damit, sie bei mir selbst zu erkennen?
- Was sind meine größten Ängste?
- Worüber empfinde ich die tiefste Scham (als Kind, als Jugendlicher und als Erwachsener)?
- Was verurteile ich am meisten an anderen?
- Welche Menschen triggern mich am meisten?
- Was zeigen diese Menschen mir über meinen Schatten?
- Welche Schattenseiten habe ich an mir zu lieben und zu akzeptieren gelernt?
- Welche Aspekte meines Schattens zeigen sich jetzt gerade, um integriert zu werden?

Wegweiser zu wahrem Glück

PHASE EINS

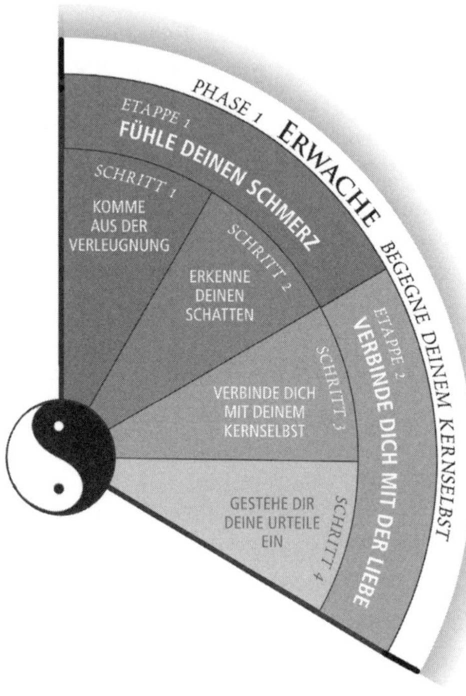

SCHRITT

3

Verbinde dich mit deinem Kernselbst

ZIEL

Finde die Verbindung
zur Liebe in deinem Herzen

STRATEGIE

Gehe in die Stille
und nimm das Leben so an, wie es ist.

Die spirituelle Dimension des Kernselbst

Das Kernselbst ist der Verbindungspunkt zwischen deinem göttlichen Ursprung und deiner menschlichen Inkarnation. Es ist der göttliche Funke oder die Essenz, die du in diese Verkörperung mitbringst. Beim Kernselbst geht es um das Sein, nicht um das Tun. Es ist der Ort des Friedens, der Ruhepunkt der universellen Liebe in deinem Bewusstsein. Es hat viele Namen, und in vielen Überlieferungen ist davon die Rede. Das Kernselbst ist ewig, beständig, unveränderbar. Manche sagen, es wurde weder geboren noch stirbt es, weil es jenseits der Unbeständigkeit der Welt existiert.

Das Licht hinter dem Schatten

Das Kernselbst ist der unschuldige Teil in dir, der hinter deinem Schatten liegt. Du kannst es nicht sehen, es sei denn, du schaust mit Liebe und Akzeptanz. Jeder Mensch hat ein Kernselbst, aber nur wenige stehen mit ihm in Verbindung. Der Grund dafür ist, dass sie noch nicht gelernt haben, mit Liebe und Akzeptanz zu schauen.

Das Kernselbst ist unversehrt und ganz. Es gibt nichts, was ihm fehlen würde. Es gibt nichts an ihm, das verändert oder korrigiert werden müsste. Das Kernselbst enthält alle Gaben und Talente, die zu dir gehören, in seinem Potenzial. Es ist die Blaupause, mit der du geboren wurdest. Indem du dich mit dem Kernselbst verbindest, erschaffst du einen Weg für die Integration des Schattens und die Wiederherstellung der Ganzheit in der Psyche. Wenn du mit dem Kernselbst verbunden bist, bist du mit allem verbunden, das ist. Du lebst in Beziehung zu deiner Quelle oder höheren Macht.

Das Kernselbst existiert in einem Zustand des Bewusstseins, in dem es keine Verletzungen gibt. Wenn wir im Kernselbst verweilen, wissen wir, dass wir geliebt werden und der Liebe würdig sind. Dort gibt es kein Gefühl von Unangemessenheit oder Selbstverurteilung. Es ist der Ort vorbehaltloser Liebe, an dem wir uns mit allem und jedem in unserer Erfahrung verbunden fühlen. Wir spüren eine beglückende Verbindung zu allem, was ist.

Wir verlieren diese Wahrnehmung der Verbindung zum Kernselbst schon sehr früh. Wenn unsere Bedürfnisse nicht gestillt werden, wenn wir kritisiert oder verurteilt werden, haben wir das Gefühl, dass etwas mit uns nicht stimmt. Wir fühlen uns unzulänglich, weniger gut als andere, wertlos. Das ist unser persönlicher »Sturz aus dem Zustand der Gnade«. Es ist der Moment, in dem wir das Gewahrsein unserer Unschuld verlieren und den Mantel aus Angst und Scham anlegen. Allmählich wird dies dann zu unserem »normalen« Bewusstseinszustand. Unsere Schwingung fällt ab, und wir sinken in das Drama der Welt, in dem Scham und Tadel an der Tagesordnung sind.

Die Wahrnehmung unserer Verbindung mit allem, was ist, zur Quelle der Liebe, nimmt ab und wird schwächer. Es gibt Momente, in denen wir uns verbunden fühlen, diese sind aber äußerst dünn gesät. Wir verstricken uns in der Welt und verfangen uns in unserem Kampf um Selbstwert. Wir verbringen unser Leben damit, vor dem Schmerz wegzurennen, und mit dem Versuch, zu beweisen, dass wir der Liebe wert sind. Dennoch verfolgt uns der Schmerz überallhin, wohin wir gehen. Ganz egal, wie viel Liebe wir erfahren – wir fühlen uns ihrer doch immer unwürdig oder haben Angst, sie zu verlieren.

Die Verbindung zu unserem Kernselbst wiederherzustellen ist das Ziel aller spirituellen Praktiken. Sie ist auch notwendig, damit echte Heilung stattfinden kann. Das verletzte Kind kann sich nicht selbst heilen, weil es sich wertlos fühlt und keine Liebe hat, die es geben kann.

Jemand muss sich mit der Quelle der Liebe im Inneren verbinden und zum Überbringer der Liebe für dieses Kind werden. Dieser Jemand bist du. Du bist der Überbringer der Liebe für deine eigene Erfahrung. Solange du dir keine Liebe schenkst, kannst du nicht heil werden. Du kannst keinen Frieden in diesem Leben erfahren.

Deshalb ist dieser Schritt wesentlich, bevor du im Lehrplan weitergehst. Du musst das Licht hinter deinem eigenen Schatten entdecken. Du musst aus deinem Kopf kommen und in dein Herz gehen, damit du dich mit der Quelle der Liebe im Inneren verbinden kannst.

Identifikation mit dem Schatten

Nur wenn du dir selbst Liebe und Licht bringst, kannst du den Schatten integrieren; sonst könntest du Angst vor deinem Schatten bekommen oder dich mit ihm identifizieren und glauben, dass du schlecht, dunkel und ohne Hoffnung auf Erlösung bist. Wenn du nur deine dunkle Seite siehst, erinnerst du dich nicht mehr an deine lichte Seite.

Das geschieht, wenn du deinen Schatten ohne Mitgefühl betrachtest. Das Ziel besteht darin, deinen Schatten zu sehen – zu wissen, dass da unbewusste Anteile sind, die integriert werden müssen –, ohne dich damit zu identifizieren. Sonst kann es sein, dass du dich oder andere als böse ansiehst. Du siehst möglicherweise nur die Teufel und verlierst die Engel aus dem Blickfeld.

Licht und Dunkel müssen gleichermaßen akzeptiert werden, damit sich Integration vollziehen kann. Die Dunkelheit greift nach dem Licht, und das Licht durchdringt die Dunkelheit. Die Angst greift nach der Liebe, und die Liebe tröstet und beruhigt die Angst. Die Integration beginnt. Yin und Yang, das Männliche und das Weibliche, das Hohe und das Niedrige, Licht und Dunkel vermischen sich. Das ist ein Akt psychischer Transformation, der zu einem Zustand bedingungsloser Akzeptanz und Liebe zu dir selbst und anderen führt. Er ist in seinem Wesen ein seliger Zustand.

Diese Arbeit fordert uns dazu auf, zwei sehr wichtige, dem Anschein nach aber gegensätzliche Dinge zu tun. Sie fordert uns auf, aus der Verleugnung herauszukommen und unserem Schatten Auge in Auge zu begegnen, und sie fordert uns auf, den Schatten mit Mitgefühl zu betrachten, ohne uns damit zu identifizieren. Wenn wir den Schatten mit Mitgefühl sehen können, wenn wir dem verletzten Kind in unserem Inneren Liebe entgegenbringen können, beginnt wahre Heilung. Heilungsenergien setzen sich in Bewegung und schicken sich an, unser gesamtes Bewusstsein in die Schwingung der Liebe zu versetzen.

Das Kernselbst und die Arbeit mit dem Inneren Kind

Das Kernselbst ist deine energetische Verbindung zur Liebe. Es verbindet dich von Herz zu Herz mit anderen Menschen. Wenn du im Kernselbst verweilst, bist du nicht fähig zu verurteilen. Du kannst weder auf eine Art und Weise denken noch handeln, die dir oder anderen gegenüber verletzend ist.

Schattenarbeit kann einfach nicht vollzogen werden ohne eine starke Verbindung zum Kernselbst und zur Quelle der Liebe in uns. Die Tendenz, sich im Objekt zu verlieren und dabei zu vergessen, der mitfühlende Betrachter zu sein, ist zu groß.

Wenn du dir deine Ängste anschaust und dich darin verstrickst, machst du sie zur Realität. Du wirst zu dem, wovor du Angst hast, und das ist ein beängstigendes Unterfangen.

Um deiner geistigen Gesundheit willen muss es einen Abstand geben zwischen dir und dem, was du siehst. Sonst glaubst du womöglich, dass das, was du siehst, du selbst bist oder jemand anderer ist. In Wahrheit verhält es sich aber so, dass das, was du siehst, oft durch deine eigenen Urteile und Ängste hindurch gesehen wird und du also nicht das siehst, was ist. Du siehst ein beschränktes oder verzerrtes Bild der Wirklichkeit.

Die Aufgabe des Zeugen besteht darin, urteilsfrei zu sehen, die Blockaden zur Liebe, eine nach der anderen, zu sehen und loszulassen, wenn sie sich zeigen. Wenn also Urteile aufkommen, beobachtet er sie mit Mitgefühl. Er weiß, dass sie nicht zutreffend sind, und versucht daher nicht, an ihnen festzuhalten oder sie zu rechtfertigen. Er bewertet denjenigen, über den er urteilt, nicht als schlecht oder böse. Er macht sich selbst auch nicht schlecht oder hält sich für böse, weil er urteilt. Er sieht seine Urteile, ohne sich damit zu identifizieren, und somit lässt er sie nicht real werden.

Der Zeuge tritt einen Schritt zurück und schaut auf den Inhalt seines eigenen Bewusstseins. Er sieht, wie seine Urteile und die Angst seine Erfahrung der Realität einfärben. Er sieht, dass sie ein großes Drama darstellen, auf das er sich einlassen kann oder eben nicht. Er erkennt, dass weiteres Drama entsteht, wenn er sich auf das Drama einlässt. Und er erkennt, dass er das, was ist, klarer und auf friedvollere Weise zu sehen beginnt, sobald er sich nicht mehr darauf einlässt.

Der Zeuge schaut auf den Inhalt des Bewusstseins und beseitigt die Blockaden zur Liebe. Wenn sich sein Herz verschließt, erkennt er, dass seine Muskeln sich zusammengezogen haben und dass Angst hochkommt. Er lernt, Atem zu holen und mit seiner Angst zu atmen. Er reitet auf der Welle der Angst, bis sie bricht und abfällt. Während er das tut, beginnt er, in sein Herz zu sinken. Er fängt an, unter die Bewusstseinsschicht zu sinken, die von Angst durchdrungen ist. Er bewegt sich durch Scham und Schuld hindurch an einen ruhigen Ort. Er beginnt, Energie in seinem Herzen zu fühlen, und erkennt, dass er in Ordnung ist, so, wie er ist. Andere sind in Ordnung, so, wie sie sind. Das Leben ist willkommen, so, wie es in diesem Augenblick ist.

Je mehr er zulässt, desto mehr verstärkt sich die Energie in seinem Herzchakra und beginnt, sich durch seinen gesamten Körper zu bewegen. Er beginnt, die Energie der Liebe als spürbare Präsenz, als intensive Schwingung, als eine Art brennenden Busch in seinem Herzen wahrzunehmen, dessen Wärme sich in seine Hände und Füße, seine Kehle und seinen Bauch, sein Wurzel- und sein Kronenchakra ausdehnt. Allmählich durchdringt und lebt die Liebe im gesamten Körper, und er ist mit Licht und Liebe erfüllt.

Während du lernst, in der Stille zu sitzen und in deine Essenz zu sinken, auf den Grund deines Herzens, begegnest du dem, der unschuldig, unversehrt und ganz ist. Du begegnest dem, der in Akzeptanz und Gnade lebt. Dieser Jemand ist in dir. Er ist derjenige, der du wirklich bist, wenn du das Drama der Welt hinter dir lässt.

Wahrheit und Illusion

Das Kernselbst ist das Licht hinter dem Schatten. Wenn wir den Schatten mitfühlend betrachten, erkennen wir, dass er nur Illusion ist. Er ist ein Konstrukt unserer Scham und unserer Angst. Er ist letztendlich nicht real. Was letztendlich real ist, ist das, was dahinter liegt.

Bis jetzt war das Licht hinter dem Schatten verborgen. Wenn wir aber dem Schatten ohne Angst begegnen, können wir das Licht dahinter sehen. Unter deiner Schuld liegt deine Unschuld. Letztere ist real. Erstere ist es nicht.

Schuld entsteht, wenn du die Unschuld aus dem Blickfeld verlierst und der Geschichte Glauben schenkst, die ein anderer über dich erzählt. Diese Geschichte ist nicht wahr, weder für dich noch für ihn. Wenn du das weißt, nimmst du die Geschichte nicht an. Du sagst: »Das ist eine interessante Geschichte, aber ich glaube nicht, dass sie wahr für mich ist.«

Du erkennst, dass der Schatten sich zeigt, wenn wir etwas über uns selbst oder einen anderen glauben, das nicht wahr ist. Letzten Endes ist es nicht real. Es scheint aber real zu sein, wenn die meisten Menschen es glauben und entsprechend ihrem Glauben handeln.

Darum ist es so schwierig, die dominante Realität der Welt infrage zu stellen, die Schuld und Scham aufrechterhält. Sie sieht ziemlich real aus. Ein Mensch verletzt einen anderen, der ihn wiederum verletzt. Jeder beweist sich nur seine eigenen Überzeugungen. Das Eigenartige daran ist, dass er seine Überzeugung belegen kann, sie aber dennoch vollkommen falsch und wahnhaft sein kann.

Jeder wird die Welt in einer Art und Weise erfahren, die seinen Überzeugungen im Hinblick auf ihn selbst und auf andere entspricht. Diese Erfahrung mag schmerzhaft sein, aber trotzdem fällt es vielleicht schwer, sie zu hinterfragen. Die Menschen denken: »So ist es eben.« In Wahrheit aber ist es nur die Art und Weise, wie sie es wahrnehmen.

Was immer ein Mensch wahrnimmt, erscheint ihm »real genug«. Er identifiziert sich mit dem, was er wahrnimmt, akzeptiert es als Wahrheit und lebt sein Leben gemäß dieser Wahrheit. Möglicherweise führt ihn diese Wahrheit nicht aus dem Leid heraus. Es könnte sein, dass sie ihm nicht dazu verhilft, ein glückliches und erfülltes Leben zu leben. Tatsächlich könnte sie der Hauptgrund für sein Leiden sein. Dennoch stellt er vielleicht das, was er für wahr hält, so lange nicht infrage, bis sein Schmerz sehr stark geworden ist. Er mag nicht wissen, dass er ebenso die Macht hat, sich zu befreien, wie er auch die Macht hatte, sich selbst ins Gefängnis zu werfen.

Früher oder später wird der Schmerz zu stark, als dass er ihn ertragen könnte. Das ist der Moment, in dem wir auf die Knie fallen und um Hilfe bitten. Das ist der Zeitpunkt, zu dem wir beginnen, unsere Anschauungen infrage zu stellen, und uns für eine andere Sicht auf die Dinge öffnen, damit wir eine andere Wahl treffen können.

Das Falsche Selbst wird sich früher oder später selbst zerstören. Humpty Dumpty wird wie in dem englischen Kinderreim* von der Mauer fallen und in tausend Stücke zerschellen.

Die Welt, die wir aus Angst und Scham aufbauen, wird zerbrechen, wenn wir den Schmerz nicht mehr ertragen können. Dann wird sich alles ändern.

Wenn der Schatten sich integriert, kann nichts mehr das Licht des Kernselbst aufhalten. Es leuchtet uneingeschränkt und frei, alle Welten der manifestierten Existenz erhellend. Es gibt keinen Ort, den dieses Licht nicht erreichen könnte. Es gibt keinen Ort, der nicht von seiner Liebe berührt werden könnte.

Deshalb machen wir diese Arbeit. Um in unsere Essenz hineinzusinken. Um unsere Dunkelheit ans Licht zu bringen und das Licht zu werden, das wir sind, sodass wir hingehen und unseren schöpferischen Lebenszweck erfüllen und der Welt unsere Gaben darreichen können.

Dein Kernselbst ist unschuldig, heil und ganz. Es ist deine Essenz. Es ist das leuchtende Sein, das du bist, wenn dein Herz für die Liebe offen ist und du weißt, dass du wie jeder andere der Liebe und Akzeptanz wert bist.

* Humpty Dumpty sat on a wall,
Humpty Dumpty had a great fall,
All the King's horses and all the King's men,
Couldn't put Humpty together again.

Das Kernselbst, das Falsche Selbst und das Wahre Selbst

Wenn du versuchst, ohne Verbindung zu deinem Kernselbst zu handeln, ist alles, was du tust, wundgesteuert. Jeder Versuch, ohne diese Verbindung zu handeln, ist schlicht und einfach falsches Handeln. Es führt zu einer falschen Beziehung, einer falschen Lebensweise und allen anderen Formen des Selbstbetrugs. Das alles sind die Umtriebe des Falschen Selbst.

Wenn du deinem Kernselbst begegnest und dich darauf ausrichtest, geschieht alles, was du tust, in Übereinstimmung mit ihm. Dadurch ehrst du dich selbst und andere auf ganz natürliche Weise. Das führt zur rechten Handlung, zur rechten Lebensweise und zur rechten Beziehung. Das sind die Handlungen des Wahren Selbst.

Das Falsche Selbst betrügt das Wahre Selbst. Das Wahre Selbst ehrt das Kernselbst. Man kann in der Tat sagen: Während das Kernselbst nicht in der Welt ist, ist das Wahre Selbst der Motor seines Ausdrucks in der Welt.

Sich Zeit nehmen für die Verbindung mit dem Selbst

Um ein Lichtträger zu sein, musst du den Mut haben, in den dunklen Tunnel deiner Scham und deines Schmerzes zu treten und deine Unschuld zurückzugewinnen. Du musst lernen, deine Ängste sanft zu halten und all den Verletzungen in dir Liebe zu bringen.

Deine allerwichtigste Übung besteht darin, dir jeden Tag Zeit in der Stille zu nehmen, um dich mit deinem Kernselbst und der Gegenwart der Liebe in deinem Herzen zu verbinden. Du verbindest dich mit deinem Kernselbst, indem du die Urteile loslässt, dein Leben so akzeptierst, wie es ist, und indem du Dankbarkeit für alle Gaben empfindest, die du empfangen hast. Wenn du dich mit der Liebe verbunden fühlst, sinkst du in deine Essenz, und sie ist dir vertraut, in der Tiefe und ohne jede Frage. Du besinnst dich wieder auf deine Unschuld und bringst all den verletzten Bereichen in dir Liebe. Dann kannst du aus der Dunkelheit heraustreten und das Licht tragen, zuerst für dich selbst und dann für andere.

Die Wahl, dich mit deinem Kernselbst zu verbinden und zu lernen, ihm zu vertrauen, ist die wichtigste Entscheidung, die du treffen wirst. Um für diese Verbindung Zeit zu finden und Raum zu schaffen, könnte eine Neuordnung der Prioritäten in deinem Leben erforderlich sein.

Wichtige Fragen an dich

- Wenn ich mit meinem Kernselbst verbunden bin, nehme ich dann wahr, dass Scham und Schuld von mir abfallen und ich sowohl meine eigene Unschuld als auch die Unschuld anderer erkennen kann?
- Was war meine tiefgreifendste Erfahrung oder Begegnung mit meinem Kernselbst, und wie hat das mein Leben verändert?
- Wann habe ich mich am stärksten von meinem Kernselbst getrennt gefühlt und mich am weitesten von der Ausrichtung auf mein Wahres Selbst entfernt?
- Inwiefern suche ich nach Antworten außerhalb von mir, anstatt das Licht und die Verbindung zur Liebe im Inneren zu finden?
- Nehme ich mir jeden Tag Zeit, um in die Stille zu gehen und mich mit meinem Kernselbst zu verbinden?

SCHRITT

4

Gestehe dir deine Urteile ein

ZIEL

Höre auf, deinen Schmerz auf andere zu projizieren

Strategie

Lerne, dem verletzten Teil in dir Liebe entgegenzubringen, der urteilt und an anderen etwas auszusetzen hat.

Verurteilungen führen zu Angriff

Unsere Verurteilungen anderer führen zu der ein oder anderen Form von Angriff. Sie sind der Beginn der Grenzüberschreitung. Wenn wir einen anderen Menschen verurteilen, versuchen wir ihm etwas anzuhängen, das zu uns gehört. Wenn wir jemand anderen als faul verurteilen, dann tun wir das in der Regel, weil wir selbst faul sind oder weil wir Angst davor haben, als faul angesehen zu werden. Wenn Faulheit für uns kein Thema wäre, wenn wir dafür nicht von unseren Eltern und anderen Autoritätsfiguren kritisiert würden, wenn wir uns dafür nicht schämen würden oder Angst davor hätten, dafür bestraft zu werden, dann hätten wir keine Antenne, die Faulheit bei anderen aufspüren würde. Wir sehen das in anderen, was wir in uns selbst zu sehen fürchten.

So beschuldigen wir andere, anstatt die Scham in uns selbst zu spüren. Wir sagen über unseren Schwager: »Er ist ein Faulpelz. Er ist seit drei Jahren ohne Job.« Das mag auf ihn zutreffen, es könnte aber auch auf uns zutreffen. Wir glauben, dass wir fein raus sind, indem wir es ihm zuschieben. Es ist dann sein Problem, nicht unseres. Das aber ist nur Wunschdenken. Ihn zu beschämen oder zu beschuldigen führt nicht dazu, dass unser Schuldgefühl vergeht. Das verstärkt es nur.

Es gibt keinen anderen Weg aus dem Spiel der Schuldzuweisungen, als unsere Scham zu heilen sowie aufzuhören, andere zu beschuldigen.

Sobald jemand einen anderen angreift, dauert es nicht lange, bis der andere zurückschlägt. Dann fehlt nicht mehr viel, bis jemand noch eins drauflegt und die Fäuste schwingt oder zum Gewehr greift. Bevor du es merkst, ist jemand verletzt oder tot. Worte eskalieren zu Taten. Angst führt zum Angriff. Beschuldigung wird zur Demütigung.

All dies beginnt mit einem einzigen Urteil, von einem Menschen gefällt, der sich nicht geliebt oder wertgeschätzt fühlt. Anstatt sein Gefühl der Scham wahrzunehmen und an seiner Heilung zu arbeiten, versucht er, jemand anderen zu beschuldigen. Er projiziert sein Thema auf seinen Mitarbeiter oder seinen Partner.

Es ist kein Geheimnis, dass häusliche Gewalt in der Gesellschaft weit verbreitet ist. Wir neigen dazu, diejenigen anzugreifen, von denen wir abhängen. Sie sind diejenigen, die uns am besten triggern könnten, weil sie wissen, was uns unter die Haut geht.

Jesus lehrte uns, dass wir nicht nur unsere Taten, sondern auch unsere Gedanken anschauen sollen. Taten beginnen mit Gedanken. Wenn wir uns nicht schon im Stadium des Gedankens Achtsamkeit und Heilung entgegenbringen, wird es schwieriger werden, nachdem die Handlungen geschehen sind. Deshalb müssen wir alle wachsam im Hinblick auf unsere Gedanken sein, bevor sie zu Worten werden, und im Hinblick auf unsere Worte, bevor sie zu Taten werden. In diesem Sinne wird das Eingeständnis unserer Urteile zum ersten Schritt, um den Zyklus der Gewalt genau dort zu beenden, wo er beginnt: in unseren Herzen und in unserem Geist.

Uns unsere Urteile eingestehen

In Schritt vier bist du gefordert zu verstehen, dass deine Urteile zu dir gehören und zu niemand anderem. Anstatt deinen Schatten auf andere zu projizieren, bist du gefordert, den Mangel an Selbstwert hinter deinen Urteilen zu sehen und den verletzten und nicht gewürdigten Teilen deines Selbst Liebe entgegenzubringen. Indem du Verantwortung für das Urteil übernimmst, bist du in der Lage, Korrekturen vorzunehmen und dich in Vergebung zu üben. Du bist in der Lage, den Ruf des verletzten Kindes nach Liebe in dir zu hören und auf ihn zu antworten.

Das Ziel ist hier nicht, mit dem Urteilen aufzuhören – das ist eine unrealistische Erwartung –, sondern dir einfach dessen bewusst zu sein, wenn Urteile in deinem Kopf entstehen. Es geht vielmehr darum, sie zu erkennen, zu korrigieren und zu vergeben.

Deine Urteile über andere spiegeln dir, wo deine wahren Themen in Bezug auf Selbstwert liegen. Wenn du einen anderen verurteilst, projizierst du einen Aspekt von dir auf jemand anderen. Deshalb beziehen sich deine Urteile auf dich selbst, nicht auf andere. Deine Urteile über andere bieten dir die Gelegenheit, die von dir ungeliebten/nicht angenommenen Anteile anzuschauen und ihnen Liebe und Akzeptanz entgegenzubringen. Daher kann das Erkennen deiner Urteile der Schlüssel zur Heilung deiner Wunden sein.

Keines deiner Urteile ist gerechtfertigt. Sie sind alle ungerechtfertigt und unwahr. Dein Versuch, deine Urteile zu rechtfertigen, ist praktizierte Verleugnung und eine Weigerung, Verantwortung für deine Gedanken, Worte und Taten zu übernehmen.

Wenn du dir deine Urteile eingestehst (d.h. wenn du weißt, dass sie etwas über dich aussagen und über niemand anderen), hörst du auf zu projizieren. Achtsamkeit und die Übernahme der Verantwortung stoppen die Projektion in ihren ersten Ansätzen.

Wenn du dir deine Urteile eingestehst und dem Aspekt deiner selbst, der sich unwürdig fühlt, Liebe und Akzeptanz entgegenbringst, beginnst du damit, deinen Schatten zu integrieren. Du bewegst dich auf die Einheit und Ganzheit zu.

Vergebung und Korrektur

Vergebung erfordert Bewusstheit und Korrektur. Zunächst erkennst und korrigierst du deine Urteile, und dann vergibst du dir dafür, sie gefällt zu haben. Die Korrektur jedes Urteils besteht in der Erkenntnis: »Es geht hier nicht um *dich.* Es geht um *mich.*« Genau das bedeutet es, die Verantwortung für das Urteil zu übernehmen und es zurückzunehmen. Dann fragst du dich: »Wo liegt die Verletzung unter diesem Urteil? Inwiefern spiegelt mir mein Gegenüber etwas wider, das schmerzhaft für mich ist?«

Würdest du dich in diesem Moment sicher und geschützt fühlen, würdest du nicht urteilen. Also fragst du dich: »Inwiefern fühle ich mich ängstlich oder unsicher? Wo muss ich mir selbst Liebe und Akzeptanz entgegenbringen?«

Dieser Prozess der Bewusstwerdung, Korrektur und Vergebung ist essenziell, wenn du lernst, Verantwortung für deine Gedanken, Worte und Taten zu übernehmen. Da wir alle projizieren und da wir alle urteilen, müssen wir alle lernen, uns unsere Urteile einzugestehen, damit wir sie richtigstellen und uns und anderen vergeben können. Das wird zu einer täglichen Übung, ja zu einer Übung in jedem einzelnen Augenblick.

Zu korrigieren und zu vergeben bedeutet, zu heilen und die Verbindung mit dem Kernselbst in dir und in anderen wiederherzustellen. Das bedeutet es, wirklich die Verantwortung für deine Gedanken, Worte und Handlungen zu übernehmen.

Die Projektion: der vergebliche Versuch, deinem Schatten zu entkommen

Über deine Urteile projizierst du deinen Schatten unbewusst auf andere. Weil du deinen Schatten nicht anschauen willst, versuchst du ihn loszuwerden, indem du ihn nach außen projizierst. Diese Strategie ist jedoch vollkommen unwirksam. Wenn du andere verurteilst, mögen sie das nicht. Sie akzeptieren deine Urteile nicht und verurteilen dich normalerweise ihrerseits im Gegenzug. Du greifst sie an, und sie greifen dich an. Es gelingt dir nicht, deine Selbstverurteilung loszuwerden. Du projizierst sie lediglich nach außen, damit du sie betrachten kannst.

Letztendlich begegnest du all deiner Angst und Scham, die dir durch andere gespiegelt werden. Projektion ist nur ein großer Spiegel, der dir zeigt, was du nicht sehen willst. Mit anderen Worten: Du kannst deinem Schatten nicht entkommen. Du musst ihn dir anschauen. Du musst mit deiner Verletzung in Berührung kommen.

An deinen Urteilen festhalten

Keines deiner Urteile ist gerechtfertigt. Das gilt es zu verstehen und zu akzeptieren, sonst wirst du in der Verleugnung leben. Wenn du versuchst, deine Urteile zu rechtfertigen, hältst du an ihnen fest. Erst wenn du erkennst, dass deine Urteile unwahr und ungerechtfertigt sind, kannst du sie loslassen.

Das Festhalten an deinen Urteilen verstärkt die Spaltung in deiner Psyche zwischen Persona und Schatten. Das bedeutet, dass du nicht heil wirst und nicht die Erfahrung deiner Ganzheit machst. Dein Schatten bleibt un-integriert.

Die Verantwortung übernehmen

Bei Schritt vier geht es vor allem darum, die Verantwortung für den Inhalt deines Bewusstseins zu übernehmen. Deine Urteile gehören zu dir, nicht zu jemand anderem. Du bist gefordert, deine Urteile zu erkennen, wenn sie entstehen, das darunterliegende Gefühl der Minderwertigkeit zu erkennen und dem verletzten Kind im Inneren Liebe entgegenzubringen.

- Zuerst nimmst du die anderen vom Kreuz. Du erkennst die Verurteilung. Dann gestehst du sie dir ein und nimmst Abstand davon, sie auf jemand anderen zu projizieren.

- Als Zweites nimmst du dich selbst vom Kreuz. Du erkennst deine Verurteilung als einen Ruf nach Liebe und Akzeptanz und lernst, den unwerten und verletzten Bereichen von dir Liebe entgegenzubringen.

Indem du für deine Urteile Verantwortung übernimmst, bist du in der Lage, Korrektur und Vergebung herbeizuführen, und du bist in der Lage, den Ruf des verletzten Kindes in dir zu hören und darauf einzugehen.

Praktische Übungen für Schritt vier

Nimm die Urteile wahr, die du über andere fällst. Viele Menschen meinen, Urteile seien schlecht und wir müssten dafür sorgen, dass sie verschwinden. Ich kann dir aber aus Erfahrung sagen, dass diese Strategie nicht funktioniert. Wenn du versuchst, deine Urteile wegzubekommen, werden sie entweder verstärkt oder in den Untergrund wandern. Wenn Urteile »in den Untergrund gehen«, fallen sie aus deinem Bewusstsein. Das bedeutet nicht, dass du aufgehört hast zu urteilen. Es bedeutet nur, dass du dir deiner Verurteilungen nicht bewusst bist. Dann läufst du herum und gibst vor, keinerlei Urteile in dir zu tragen, während du aber Hunderte davon hast.

Nimm also einen tiefen Atemzug und beginne, dir den Inhalt deines Bewusstseins anzuschauen. Hab keine Angst davor, all die Aspekte davon wahrzunehmen, wo du dich »weniger als« oder »mehr als« andere fühlst. Ich versichere dir: Du bist nicht der Einzige, der sich so fühlt.

Je mehr du deine Urteile beobachtest, desto klarer erkennst du, wie viele Schichten von Urteilen in deinem Bewusstsein sind. Erst urteilst du, dann verurteilst du dein Urteil. Du machst dir selbst Vorwürfe für deine wertende Haltung, und so setzt sich die Abwärtsspirale der Verurteilung immer weiter fort. Du musst diese Spirale an irgendeinem Punkt abfangen. Irgendwann musst du sagen: »Okay. Ich sehe, dass ich urteile. Das ist in Ordnung. Es ist keine große Sache. Wir tun das alle. Meine Aufgabe ist einfach, mir meiner Urteile bewusst zu sein und sie mit Mitgefühl zu halten.« Wenn du bei diesem Prozess des Beobachtens deiner Urteile bleibst, fängst du an zu fragen: »Was liegt unter diesem Urteil?« Du wirst ausnahmslos erkennen, dass es eine Form von Scham oder Angst in dir ist.

Jetzt kommst du der Wunde näher, und sie ist es, die geheilt werden muss. Nicht das Urteil ist es, worauf du dich konzentrieren musst – weil alle Urteile über andere oder dich selbst unwahr und unberechtigt sind –, sondern die Verletzung, die das Urteil hervorgerufen hat. Es ist der Schmerz, den du versuchst nach außen zu kehren und auf andere zu projizieren.

Unter deinem Schmerz und deinem Unbehagen liegt das Bedürfnis nach Liebe und Annahme. Du kannst das erkennen und dir selbst in diesem Moment Liebe geben. Das beendet den Weg der Verurteilung. Es hebt die Projektion deiner Scham und deines Minderwertigkeitsgefühls auf andere auf. Stattdessen bist du in der Lage, diesen Gefühlen direkt zu begegnen.

Schritt für Schritt deine Urteile eingestehen

Folge diesen Schritten, um dir deine Urteile einzugestehen:

1. Werde dir deiner Urteile bewusst.

2. Mach dich nicht schlecht, weil du Urteile hast.

3. Erkenne, dass dein Urteil nicht zutreffend ist und nicht gerechtfertigt werden kann.

4. Gestehe dir das Urteil ein. Begreife, dass du es eigentlich über dich fällst, nicht über andere.

5. Erkenne, dass dein Urteil über dich selbst ebenfalls nicht zutreffend ist.

6. Erkenne die Angst oder das Minderwertigkeitsgefühl, die hinter dem Urteil stecken.

7. Halte deine Angst mit Liebe und Mitgefühl.

Wenn du in der Lage bist, diesen ganzen Prozess zu durchlaufen, wirst du dir nicht nur deiner Urteile bewusst werden, sondern auch in der Lage sein, dich von ihnen zu befreien. In diesem Prozess wirst du dich in einige deiner Kindheitswunden einfühlen und damit beginnen, dir selbst Heilung und deiner Psyche Integration zu schenken. Und du wirst anfangen zu lernen – und das ist das Wichtigste –, wie du mit deinen Ängsten auf liebevolle und mitfühlende Weise umgehen kannst. Das ist eine grundlegende spirituelle Übung.

Wichtige Fragen an dich

- Welche drei Menschen verurteile ich am meisten und welche Urteile fälle ich über sie? (Überspitze deine Urteile, falls nötig, um sie klar in Worte zu fassen.)
- Wen stelle ich auf ein Podest? Auf wen schaue ich herunter? (Denk daran, dass Urteile positiv oder negativ sein können. Du kannst anderen mehr oder weniger Wert als dir selbst beimessen.)
- Wie kann ich die betreffenden Menschen vom Kreuz nehmen und mir bewusst machen, dass es sich hier um *mich* handelt, nicht um *sie?*
- Während ich mir anschaue, was ich projiziere (was ich an anderen nicht mag oder akzeptiere): Kann ich Aspekte von mir erkennen, die andere mir zurückspiegeln und bei denen es mir schwerfällt, sie zu mögen oder zu akzeptieren?
- Kann ich hinter das Urteil schauen und sehen, wo ich mich verängstigt oder unsicher fühle?
- Kann ich den Schmerz oder das Unbehagen fühlen, die hinter der Verurteilung stehen, und mich auf das verletzte Kind im Inneren einlassen, das meine Bestätigung und Liebe braucht?

Übergang zu Phase zwei

Licht und Liebe in die schattenhaften Bereiche bringen

Damit du erfolgreich zu Phase zwei dieses Heilungsprozesses übergehen kannst, musst du verstehen, dass du der Überbringer der Liebe für deine eigene Erfahrung bist. Das ist deine Aufgabe und liegt in deiner Verantwortung.

Du kannst dich nicht darauf verlassen, dass jemand anderer das für dich übernimmt. Du musst lernen, wie du einen Weg findest, dich selbst akzeptieren und segnen zu können. Wenn du versuchst, deine Kernwunde zu heilen, ohne eine Verbindung zur Liebe hergestellt zu haben, wird dir das missglücken. Das wäre so, als würdest du in eine dunkle Höhle gehen, ohne ein Licht mitzunehmen. Du wirst nicht imstande sein, das Reich des Schattens zu bereisen, wenn du kein Licht bei dir hast, während du in den Untergrund hinabsteigst.

Trotz aller Warnungen versuchen manche Menschen, diese Reise zu unternehmen, bevor sie dafür reif sind. Sie dringen in die Schattenwelt ein und bleiben stecken oder verlieren sich. Sie beschuldigen sich und andere. Sie vertiefen ihren Schmerz und ihre Scham. Sie können weder ihren Weg weitergehen noch können sie ohne Weiteres wieder zurück. Vereinfacht ausgedrückt bleiben sie in ihrem Schmerz stecken. Sie kommen nicht durch ihn hindurch. Das ist ebenso tragisch wie überflüssig.

Baue bitte zuerst eine solide Verbindung zur Quelle der Liebe in deinem Herzen auf, bevor du versuchst, deine Wunde und das damit verbundene Schamgefühl zu untersuchen. Übe dich darin, das Licht hinter dem Schatten zu erkennen. Übe dich darin, deine Urteile mit Mitgefühl anzuschauen. Lerne, ein Überbringer der Liebe für deine eigene Erfahrung zu werden. Dann kannst du den dunklen Tunnel deines Schmerzes betreten, indem du das Licht der Achtsamkeit und den Segen der Liebe mit dir führst.

Sollte es dir schwerfallen, dich mit der Liebe zu verbinden, kann es sein, dass du noch nicht bereit bist, um in die Phase zwei dieser Arbeit zu wechseln. Nimm dir Zeit, um dein Herz zu öffnen. Nimm an einer *Affinity*-Gruppe teil oder besuche einen Phase-eins-Intensiv-Workshop, um die Unterstützung anderer zu bekommen, während du dich auf deine Heilungsreise begibst.

Teil zwei

Heilung

Wegweiser zu wahrem Glück

PHASE ZWEI

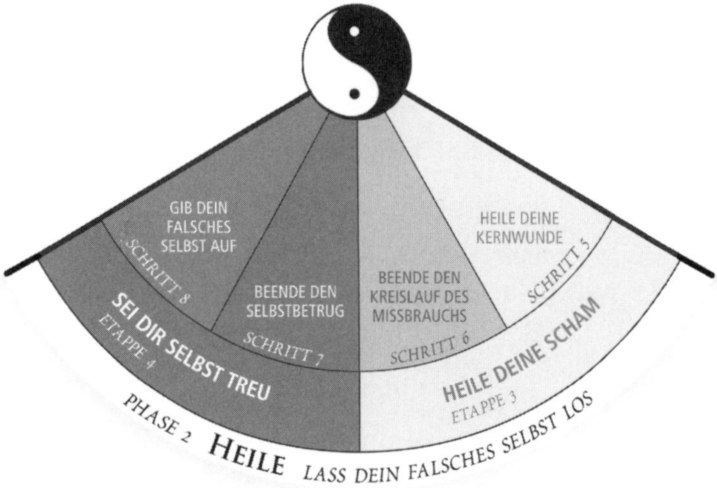

SCHRITT

5

Heile deine Kernwunde

ZIEL

*Erkenne deine Mutter-/Vaterwunde,
deine Grundüberzeugungen und
dein Reaktionsmuster*

Strategie

Verbinde dich mit dem verletzten Kind in deinem Inneren.

Mutter- und Vaterwunden

Jeder von uns hat eine Mutter- und/oder Vaterwunde. Eine Mutterwunde geht mit zu viel, zu wenig oder unangemessener Aufmerksamkeit von Mama einher, eine Vaterwunde mit zu viel, zu wenig oder unangemessener Aufmerksamkeit von Papa.

Menschen mit Mutterwunden fällt es schwer, zu lernen, sich selbst und andere zu lieben und zu akzeptieren. Beziehungen sind eine Herausforderung für sie und bringen ihnen die meisten ihrer Lektionen. Sie erfahren nicht leicht innige Nähe zu anderen.

Menschen mit Vaterwunden fällt es schwer, in der Welt erfolgreich zu sein. Sie rackern sich oft in ihrem Berufsleben ab, und es fällt ihnen schwer, für sich selbst zu sorgen und ihren Lebensunterhalt zu verdienen. Sie haben oft wenig Selbstwertgefühl und glauben nicht an sich. Sie nehmen sich häufig nicht die Zeit, die Fertigkeiten zu entwickeln, die sie brauchen, um erfolgreich zu sein.

Eine gute Beziehung zur Mutter verheißt Gutes für den Erfolg in Beziehungen.

Ein gutes Verhältnis zum Vater verspricht Gutes für den Erfolg im Beruf.

Verschiedene Arten von Kernwunden

Deine Kernwunde kann eine Mutterwunde, eine Vaterwunde oder eine Kombination von beiden sein. Verlassenwerden ist beispielsweise eine Kernverletzung. Du kannst von Mama oder Papa oder beiden verlassen werden.

Verlassenwerden kann sich physisch oder mental/emotional ereignen. Es kann mit dem Tod oder einer Krankheit eines oder beider Elternteile einhergehen – oder mit Unerreichbarkeit aufgrund von Scheidung, aktivem Militärdienst, Drogen- oder Alkoholabhängigkeit, postnataler Depression oder einem anderen schwierigen Geisteszustand.

Vertrauensbruch ist ein anderer Typ der Kernverletzung. Vertrauensbruch geschieht, wenn zunächst Vertrauen aufgebaut und anschließend zerstört wird. Er passiert, wenn eine plötzliche Ambivalenz oder Instabilität in der Aufmerksamkeit der Eltern oder der Betreuungsperson eintritt. Er kann vorkommen, wenn ein Geschwister stirbt und ein Elternteil gefühlsmäßig von dem überlebenden Kind Abstand nimmt. Er kann geschehen, wenn der Erwachsene sich aufgrund eines unerwarteten Traumas oder einer physischen oder psychischen Krankheit emotional zurückzieht. Er geschieht, wenn ein Elternteil oder Kindesbetreuer ein Kind missbraucht (das schließt physischen, sexuellen, emotionalen oder rituellen Missbrauch ein). Er geschieht, wo Inzest oder andere unangemessene Verhaltensweisen mit Geschwistern oder anderen Familienmitgliedern vollzogen werden. Diese Verletzung verschlimmert sich noch, wenn ein Elternteil von dem Missbrauch wusste und das Kind nicht beschützt hat.

Eine weitere Wunde entsteht durch Gefangengehalten- bzw. Eingesperrtwerden. Das kommt vor, wenn Eltern die Freiheit eines Kindes komplett beschneiden, übermäßig kontrollieren oder einschränken.

Mangel an Grenzen kann ebenfalls Verletzung bedeuten. In diesem Fall achten die Eltern nicht ausreichend auf das Kind und räumen ihm so viel Freiheit ein oder übertragen ihm so viel Verantwortung, dass es sich ungeschützt fühlt. Beides, sowohl das übermäßige Beschützen als auch der Mangel an Schutz, kann eine Verletzung darstellen.

Durch eine gestohlene Kindheit entsteht eine wieder andere Wunde. Dieser Fall tritt ein, wenn die Eltern oder Erziehungsberechtigten krank oder emotional unerreichbar sind und das Kind gezwungen ist, die Rolle des Elternteils zu übernehmen, und die Verantwortung eines Erwachsenen trägt, bevor es erwachsen ist.

Wiederholte Demütigung, Kritik, Beschämung und Beschuldigung durch die Eltern oder andere zentrale Bezugspersonen stellen eine weitere verbreitete Kernverletzung dar.

Kernwunden können außerdem das Ergebnis sein von:

- Verhätscheln, Verwöhnen, niedrigen Erwartungen, übermäßigem Beschützen
- Gefahr oder Mangel an (physischer oder emotionaler) Sicherheit
- Schuldgefühlen, falschem Verantwortungsgefühl (für den Tod oder die Krankheit eines Elternteils oder Geschwisters)
- Geburt, Trauma, Geburtsschäden, Frühgeburt, ernsthafter Krankheit in der Kindheit
- Nicht gewollt sein, ungeplanter Schwangerschaft
- Ablehnung durch einen Elternteil
- Verfolgungen seitens der Geschwister

Beim Durchlesen dieser Liste fallen dir vielleicht weitere Verletzungen ein. Sie müssen nicht auf dieser Liste stehen, um ursächlich für eine Kernwunde zu sein. Wenn du dich auf deine Kindheit besinnst, weißt du, welche Erfahrungen am schmerzvollsten für dich waren. Du weißt, was dir am meisten Angst machte oder wofür du dich am meisten schämtest. Du weißt, inwiefern du zu viel, zu wenig oder unangemessene Aufmerksamkeit von einem oder beiden Elternteilen, anderen Erziehungsberechtigten, Geschwistern oder anderen wichtigen Menschen in deinem Leben erhalten hast.

Versuche einige Zeit darauf zu verwenden, darüber zu schreiben. Schau, ob du deine Kernwunde erkennst und verstehst, und überlege, inwiefern sie dein Leben beeinflusst hat.

Grundüberzeugungen

Alle Kernwunden führen uns direkt zu einer Grundüberzeugung über uns selbst. Angenommen, du wärst sieben Jahre alt, deine Mutter wäre krank, und du wärst gefordert, sie zu pflegen. Dann könntest du mit einem der folgenden Glaubenssätze aufwachsen:

- Ich muss mich um andere kümmern, um ihre Liebe zu bekommen.
- Meine eigenen Bedürfnisse sind unwichtig.

Wenn deine Eltern andererseits Druck ausüben würden, damit du funktionierst und erfolgreich in der Schule, beim Sport oder bei Schönheitswettbewerben bist, wächst du vielleicht mit einer dieser Grundüberzeugungen auf:

- Ich bin stärker, klüger oder schöner als andere.
- Wenn ich nicht stärker, klüger oder schöner als andere bin, werde ich nicht geliebt.

Deine Grundüberzeugung entsteht aus dem Scham- oder Minderwertigkeitsgefühl heraus, das mit deiner Kernwunde zusammenhängt. In beiden der oben genannten Beispiele ist das Scham-/Minderwertigkeitsgefühl die verinnerlichte Botschaft: »So, wie ich bin, bin ich nicht gut genug. Ich bin nur dann gut genug, wenn ich mich so zeige, wie Mama oder Papa das von mir wünschen (als der/die Fürsorgliche, als das gute kleine Mädchen/der gute kleine Junge, die Schönheitskönigin, der Superschüler oder -athlet).«

Alle Grundüberzeugungen können zu dem übergeordneten Glaubensmuster zusammengefasst werden: »Ich bin nicht liebenswert«, oder – das ist eine weitere Variante der gleichen Geschichte: »Ich muss Kunststücke vollbringen, um liebenswert zu sein.«

Ist deine Grundüberzeugung erst einmal entstanden, trägst du sie unbewusst durch dein Leben. Selbst dann, wenn du das Elternhaus verlassen hast, verhältst du dich auf eine Art und Weise, die deiner Grundüberzeugung entspricht. Wenn du lernst, der/die Fürsorgliche zu sein, und der Überzeugung bist: »Meine Bedürfnisse sind unwichtig«, ist es sehr wahrscheinlich, dass du jemanden heiraten wirst, um den du dich kümmern musst. Erst dann, wenn du deine Wunde und die damit einhergehende Grundüberzeugung heilst, kannst du zu dem Schluss kommen: »Meine Bedürfnisse sind wichtig«, und darauf bestehen, eine Beziehung mit jemandem aufzubauen, der für sich selbst sorgen kann.

Wenn du deine Mutter- oder Vaterwunde geheilt hast, brauchst du Mama oder Papa nicht mehr zu heiraten. Solange du diese Wunde aber nicht geheilt hast, agierst du gemäß der Überzeugung »Meine Bedürfnisse sind nicht wichtig« oder »Ich muss mich um andere kümmern, um geliebt zu werden«, und wirst immer und immer wieder Mama oder Papa heiraten. Genau deshalb heiratest du nach der Scheidung wieder jemanden, der genauso wie dein früherer Mann/deine frühere Frau ist. Du heiratest nur eine andere Variante von Mama oder Papa, weil du deine Wunde noch nicht geheilt und die damit zusammenhängende Grundüberzeugung nicht verändert hast.

Natürlich gibt es ebenso viele Grundüberzeugungen wie Kernwunden. Ich nenne hier ein paar Grundüberzeugungen, die dir vielleicht bekannt vorkommen:

- Nichts, was ich tue, ist gut genug.
- Es ist mein Fehler. Ich bin schuld.
- Ich bin ein schlechter oder böser Mensch (sonst wäre ich nicht geschlagen/sexuell missbraucht worden).
- Wenn ich um das bitte, was ich brauche, werde ich verlassen.
- Wenn ich stark bin, werde ich nicht geliebt. Ich muss mich kleinmachen und mich zurückhalten.
- Ich bin ein Versager. Ich werde nie etwas hinbekommen.
- Ich bin dumm. Andere sind klüger als ich.
- Ich muss klüger sein als andere, damit ich geliebt werde.
- Ich muss schlank sein. Wenn ich dick bin, werde ich nicht geliebt.
- Ich bin schwach oder kränklich. Wenn ich gesund bin, werde ich nicht geliebt.
- Die Welt ist kein sicherer Ort. Wenn ich etwas riskiere, werde ich verletzt werden.
- Ich bin für andere da, aber andere nicht für mich.
- Ich muss es alleine schaffen. Niemand kann mir helfen.
- Meine Ideen/Meinungen sind unbedeutend.
- Wenn ich dem Universum vertraue, zerschelle ich.
- Ich muss still/unsichtbar sein. Wenn man mich sieht oder hört, werde ich zurückgewiesen.

Beim Lesen dieser Liste fallen dir vielleicht weitere Glaubensmuster ein, die du im frühen Kindheitsstadium verinnerlicht hast. Notiere dir diese Überzeugungen in deinem Tagebuch. Es könnte sein, dass sie dein Leben auf einer unbewussten Ebene steuern. Es ist sehr wichtig, sich ihrer bewusst zu werden.

Reaktive Verhaltensmuster

Dein reaktives Verhaltensmuster wird normalerweise von Menschen getriggert, die dir deine Grundüberzeugung über dich bestätigen. Wenn du zum Beispiel glaubst: »Ich muss schlank sein, um Liebe und Aufmerksamkeit zu erhalten«, und dir jemand sagt: »Du bist etwas mollig«, ist es wahrscheinlich, dass du getriggert wirst. Deine Scham darüber, zu viel zu wiegen, und die Angst vor Ablehnung kommen hoch. Du glaubst, dass du schlank sein musst, um geliebt zu werden. Infolgedessen sieht es für dich so aus, als würden sie über dich das Urteil fällen, hässlich und nicht liebenswert zu sein, auch wenn es nicht das war, was sie dir versuchten mitzuteilen. Es kann aber auch sein, dass sie dich verurteilen, weil sie dieselbe Grundüberzeugung haben wie du und diese auf dich projizieren. Das kommt häufig vor.

Dennoch ist es so, dass andere nicht verantwortlich für den Schmerz und das Leid sind, die in dir hochkommen, selbst wenn sie projizieren. Das war schon da, bevor diese Menschen deinen Weg gekreuzt haben. Ihr Urteil über dich bzw. ihre Grenzüberschreitung dir gegenüber eröffnet dir lediglich eine Gelegenheit, deine Kernwunde und Grundüberzeugung anzuschauen und sie zu heilen.

Ein weiteres Beispiel: Sagen wir, deine Mutter und dein Vater sind beide Universitätsprofessoren und legen Wert auf Logik und die Intelligenz der linken Gehirnhälfte. Ihr beide, dein Bruder und du, wachst in dem Glauben auf, dass ihr nicht geliebt und akzeptiert werdet, wenn ihr nicht herausragend in Mathematik oder Naturwissenschaften seid. Dein Bruder kann das gut. Du nicht. Du bist gut in Musik und Kunst, was deine Eltern beides nicht wertschätzen. Deshalb bekommt dein Bruder alles Lob und Ansehen. Du bekommst dagegen sehr wenig Verständnis und Unterstützung. Deine Gaben werden nicht gefördert. So beginnst du die Botschaft zu verinnerlichen: »Ich bin nicht so schlau wie mein Bruder. Ich werde es nie sonderlich weit bringen.«

Wie gehst du mit dieser Grundüberzeugung um? Inwiefern dominiert sie dein Leben? Möglicherweise gibst du dich selbst schon früh in deinem Leben auf und setzt sehr geringe Erwartungen in dich. Es könnte aber auch sein, dass du deinen vermeintlichen Mängeln die Stirn bietest und zur Ingenieurschule gehst, in der Hoffnung, Mama und Papa zu gefallen. Vielleicht geht es dir dort miserabel, aber du zwingst dich zu bleiben, weil es der einzige Weg ist, um die Anerkennung zu bekommen, die du dir so verzweifelt wünschst.

Dann kommt dein Freund Marc daher, ein Rechengenie, und während ihr eure Hausaufgaben gemeinsam macht, sagt er: »Weißt du, du bist nicht wirklich gut in diesem Fach …, vielleicht solltest du einen anderen Studiengang in Erwägung ziehen.« Er versucht nur, dir zu helfen, und du weißt auch, dass er recht hat, aber dieser Kommentar geht dir unter die Haut, und du reagierst entsprechend darauf. Also bist du sauer auf Marc und vermeidest für den Rest des Semesters, ihn zu sehen.

Lass uns deine Verletzung anschauen, deine Grundüberzeugung und dein Reaktionsmuster, damit wir das Gesamtbild erkennen:

- Deine Verletzung: mentale und emotionale Verlassenheit, Mangel an Ermutigung und Unterstützung seitens beider Eltern, insbesondere seitens des Vaters.
- Deine Grundüberzeugung: »Ich werde nicht geliebt, wenn ich nicht klug bin (wie mein Bruder).«
- »Mein Bruder bekommt die Liebe. Er ist Papas Liebling. Ich kann meinem Herzen nicht folgen und meine Gaben nicht zum Ausdruck bringen, weil ich sonst nicht geliebt werde.«
- Reaktives Verhalten: vor Marc davonlaufen, wenn er sich als Wunderkind zeigt (wie dein Bruder) und deine Grundüberzeugung triggert.

Die drei Ausdrucksformen reaktiver Verhaltensmuster

Es gibt drei Arten reaktiver Verhaltensmuster:

- Kampf: Du gehst zum Gegenangriff über.
- Flucht: Du rennst vor anderen weg.
- Rückzug: Du bleibst, ziehst dich aber emotional zurück oder verschließt dich.

Das sind die Muster, mit denen man reagiert, wenn man von anderen getriggert wird. Du magst eines, zwei oder alle drei dieser Verhaltensmuster zeigen. Oft imitierst du die, die deine Eltern hatten.

Es ist wichtig, dass du dir darüber klar wirst, welches deine Muster sind und wo du sie gelernt hast. Nimm dir etwas Zeit, darüber mithilfe deiner Notizen zu reflektieren. Das ist wichtig.

Warum Affirmationen deine Grundüberzeugungen nicht revidieren

Es gibt viele New-Age-Experten, die suggerieren, dass du deine Grundüberzeugungen willentlich ändern kannst. Du kannst von einem Leben, in dem du ein Verlierer warst, zu einem Sieger werden, nur dadurch, dass du dir im Geiste immer und immer wieder sagst: »Ich bin ein Sieger.«

Ich möchte hier gar nicht behaupten, dass keine Kraft im positiven Denken liegt. Das tut es, und ich möchte dich ermutigen, so positiv wie möglich zu sein. Aber viele New-Age-Konzepte sind eindimensional und erfassen nicht, wie stark die Kraft des Schattens unser Leben prägt. Sie ignorieren den unbewussten, ursprünglicheren Aspekt der Psyche und entfalten insofern keine verändernde Kraft. Sie sind unwirksam, wenn es darum geht, von Grund auf heil zu werden und unser Leben in den Griff zu bekommen.

Gesetzt den Fall, du bist eine Frau, die bewusst die Überzeugung »Ich bin ein Kind Gottes« angenommen hat und das andauernd als Affirmation in ihrem Leben wiederholt. Als Kind hat dich dein Vater sexuell missbraucht, und in der Folge bist du zum Sexualobjekt für eine Reihe von Männern geworden, in dem Glauben, dass du nur dann geliebt würdest, wenn du mit ihnen Sex hast. Diese Strategie funktionierte natürlich nicht, und jedes Mal, wenn ein Mann dich zurückließ, verschlimmerten sich deine Scham und Demütigung.

Wenn du ehrlich bist, wie sich das kleine Mädchen in dir fühlt – das Mädchen, das emotional niemals erwachsen wurde oder nie je Vertrauen oder Respekt für sich selbst als Frau gewann –, dann würdest du erkennen, dass es sicher nicht sagen würde: »Ich fühle mich als ein Kind Gottes.« Es würde etwas sagen wie: »Ich bin zum Kotzen. Ich hasse mich, und niemand wird mich je wirklich lieben.« Und weißt du was? Das Mädchen würde damit die Wahrheit sagen. So fühlt es sich wirklich.

Du kannst also mit deiner spirituellen Maske herumlaufen und sagen: »Ich bin ein Kind Gottes«, aber das wird dem kleinen Mädchen nicht helfen zu heilen. Es wird ihm nicht helfen, erwachsen zu werden und Vertrauen und Respekt zu gewinnen, damit es eine gute Beziehung zu einem Mann in sein Leben ziehen kann. Das Einzige, wozu das führen wird, ist, dass es immer und immer wieder Schmerz und Enttäuschung erleben wird.

Wenn die Affirmation »Ich bin ein Kind Gottes« nicht funktioniert, wirst du dich wie ein Versager fühlen. Du wirst dein Gefühl der Scham und Minderwertigkeit verstärken und weiterhin glauben, dass du nie irgendetwas richtig machen kannst. Dann wird der Zeitpunkt für dich gekommen sein, die Affirmation für eine Weile beiseitezulegen und deine wirkliche Heilung in Angriff zu nehmen. Solange du deine Verletzung, deine Grundüberzeugung und dein reaktives Verhaltensmuster nicht erkennst, kannst du nicht beginnen, von Grund auf zu heilen und in deine Kraft und deine Bestimmung als menschliches Wesen zu kommen.

Du bist ein Kind Gottes. Das ist die Wahrheit. Du musst aber erst deine emotionale Heilung durchlaufen, ehe du anfängst, das auch zu glauben. Und bis du es glaubst, aus deinem tiefsten Inneren heraus, wird es nicht wirklich wahr für dich sein.

Wunden aus der Ahnenreihe: die Kette des Missbrauchs verstehen

Es ist eine Tatsache im Leben, dass unsere Eltern ihre Verletzungen, Glaubenssätze und reaktiven Verhaltensmuster an uns weitergeben und wir wiederum unsere Verletzungen, Glaubenssätze und reaktiven Verhaltensmuster an unsere Kinder weitergeben. Dieses Muster setzt sich so lange fort, bis einer aus der Familie sich der Wunde bewusst wird und sie heilt.

Im Erwachsenenalter heiraten wir häufig jemanden, der genauso ist wie der Elternteil, der uns am meisten verletzt hat. Wenn es die Mutter war, heiraten wir Mama. Wenn es der Vater war, heiraten wir Papa. Auf diese Weise erhalten wir eine weitere Chance, unsere Mutter- und Vaterwunde zu heilen.

Es gibt aber noch einen anderen Weg, wie die Verletzung weitergegeben werden kann. Wenn wir eine Mutterwunde haben, Mama aber zu beängstigend ist, könnte es sein, dass wir stattdessen Papa heiraten, weil er uns weniger Angst macht. In diesem Fall werden wir selbst zu Mama und heiraten Papa. Wenn wir eine Vaterwunde haben und Papa zu beängstigend ist, könnte es umgekehrt aber auch sein, dass wir stattdessen Mama heiraten. In diesem Fall werden wir zu Papa und heiraten Mama.

Es versteht sich von selbst, dass all dies unabhängig davon vor sich geht, ob die Mama oder der Papa, die oder den wir heiraten, männlich oder weiblich ist. Manchmal heiratet eine Frau einen Mann, der Mama ist, und ein Mann heiratet eine Frau, die Papa ist. Das macht es etwas schwieriger, das Ganze zu durchschauen; eine kleine Innenschau bringt jedoch für gewöhnlich Klarheit.

Bist du alt genug, um selbst Kinder oder Enkel zu haben, kannst du erkennen, wie sich diese Muster in deiner Familie fortsetzen. Du kannst die Spur der Verletzung, Glaubensmuster und reaktiven Verhaltensweisen durch die Generationen hindurch zurückverfolgen.

Versuche aber bitte auch nicht, mit diesem Prozess in deinen Kopf zu gehen. Unser Ziel hier besteht in unserer eigenen emotionalen Heilung und Selbstermächtigung, nicht in einem präzisen intellektuellen Verständnis der Muster. Manchmal hält uns das Intellektualisieren des Themas davon ab, es fühlen und heilen zu können. Dem Klugen sei an dieser Stelle gesagt: »Heile es zuerst; studiere es später.«

Wichtige Fragen an dich

- Was ist meine Mutterwunde?
- Was ist meine Vaterwunde?
- Kam meine Wunde über meine Geschwister oder über andere Familienmitglieder oder von jemandem außerhalb meiner Familie?
- Bestand meine Verletzung in einer Begebenheit oder einem Umstand wie einem Unfall oder einer ernsten Krankheit?

- Was ist meine Grundüberzeugung? Welche Urteile über mich selbst habe ich verinnerlicht, als ich aufwuchs?
- Stammt meine Grundüberzeugung von Mama, Papa oder von beiden?
- Auf welche Weise bestimmt meine Grundüberzeugung mein Leben?
- In welcher Weise hat sie die wichtigsten Entscheidungen in meinem Leben beeinflusst?
- Welche(s) reaktive(n) Verhaltensmuster habe ich?
- Habe ich es (bzw. sie) von Mama, Papa oder von beiden übernommen?
- Habe ich Mama oder Papa geheiratet?
- Wurde ich wie Mama und habe Papa geheiratet?
- Wurde ich wie Papa und habe Mama geheiratet?
- Hat sich dieses Muster in den darauffolgenden Ehen oder Beziehungen verändert?

SCHRITT

6

Beende den Kreislauf des Missbrauchs

ZIEL

Erkenne und beende die Muster des Opferdaseins

Strategie

Vergib dir selbst und anderen.

Täter und Opfer

Wenn du dir die Verletzungen anschaust, die du selbst erlebt oder anderen zugefügt hast, ist es wichtig, zu verstehen, auf welche Art und Weise du dich als Opfer oder als Täter gezeigt hast. Die meisten von uns zeigen sich zu unterschiedlichen Zeiten in beiden Rollen.

Zudem neigen Opfer dazu, zu Tätern zu werden. Diejenigen, die als Kinder geschlagen oder sexuell missbraucht wurden, missbrauchen ihrerseits oft ihre eigenen Kinder oder die Kinder anderer. Wir tun anderen das an, was uns angetan wurde. Es gibt kein Ende der Kette des Missbrauchs, solange wir sie weiterführen. Wir haben immer die Wahl, sie hier und jetzt zu beenden.

Wie wir den Kreislauf des Missbrauchs beenden können

Um den Kreislauf des Missbrauchs zu durchbrechen, müssen wir denjenigen, die uns missbraucht haben, und uns selbst vergeben und uns bewusst dagegen entscheiden, weiterhin entweder als Opfer oder als Täter aufzutreten. Das bedeutet einerseits, unseren Eltern zu vergeben, dass sie unsere Grenzen überschritten haben, und andererseits, zu lernen, uns selbst dafür zu vergeben, uns nicht gegen sie oder einen anderen, der uns schikaniert hat, verteidigt zu haben. Wenn wir zum Täter an anderen geworden sind, müssen wir zunächst verstehen, wo wir zuerst Opfer waren, und unseren Verletzungen Heilung und Mitgefühl entgegenbringen. Dann müssen wir uns auch um das Verständnis und die Vergebung derer bemühen, die wir verletzt haben, seien es unserer Eltern, Geschwister, Ehepartner oder Kinder.

Vergebung ist ein Prozess, der Schicht für Schicht vor sich geht und häufig Jahre dauert. Du kannst diesen Vorgang nicht überstürzen oder dich dazu zwingen, zu vergeben, bevor du dazu bereit bist. Obwohl Vergebung anderen gegenüber und Selbstvergebung zwei Seiten derselben Medaille sind, ist Letztere oft der schwierigere Aspekt dieses Prozesses. Selbstvergebung ist möglich, selbst wenn andere dir nicht vergeben. Selbst wenn andere dir vergeben, kann es jedoch sein, dass du dir nicht vergibst. In der Regel hängt deine Fähigkeit, anderen zu vergeben, von deiner Bereitschaft ab, dir selbst zu vergeben. Andererseits trifft aber auch zu, dass deine Fähigkeit, dir selbst zu vergeben, bis zu einem gewissen Grad von der Bereitschaft abhängt, anderen zu vergeben.

Sieben Schritte für den Prozess der Vergebung

Im Folgenden findest du sieben Schritte, die dir dabei helfen werden, dir selbst und anderen zu vergeben. Sie werden dir helfen, alles Wesentliche zu erfassen. Bringe aber unbedingt Geduld für diesen Prozess auf. Er vollzieht sich nicht über Nacht: Oft dauert er Jahre, manchmal sogar Generationen.

1. Akzeptiere, was geschehen ist

Du kannst nicht so tun, als sei nicht geschehen, was passiert ist. Du kannst nicht hingehen und es ungeschehen machen. Du kannst es nicht reparieren oder verändern. Du musst einfach akzeptieren, dass es geschehen und deshalb ein Teil deines Lebens ist. Es braucht manchmal eine Weile, das zu akzeptieren.

2. Habe Mitgefühl mit dir

Wenn du zum Opfer geworden bist, musst du damit aufhören, dir für das Geschehene die Schuld zu geben. Du trägst keine Schuld daran. Du bist weder schlecht noch wertlos, noch nicht liebenswert. Du bist keine schmutzige, hässliche, befleckte oder beschädigte Ware. Selbst wenn du ein Täter bist, ist es sehr wahrscheinlich, dass du zu einem anderen Zeitpunkt in deinem Leben ein Opfer warst.

3. Vergib dir selbst

Unabhängig davon, ob du Opfer oder Täter oder beides bist, kann dieser Prozess der Selbstvergebung viel Zeit beanspruchen, vielleicht sogar dein ganzes Leben lang. Er ist aber sehr wichtig. Du musst dich diesem Prozess verpflichten, wenn du wirklich heilen willst.

4. Habe Mitgefühl mit dem Täter

Verstehe den Schmerz des Menschen, der dich verletzt hat, und lerne, Mitgefühl für diesen Menschen aufzubringen. Die meisten Täter sind einmal Opfer gewesen und tun dir an, was ihnen einst angetan wurde. Doch zuerst musst du vielleicht mit deiner Wut in Berührung kommen und sie diesem Menschen gegenüber zum Ausdruck bringen. Das kann ebenfalls einige Zeit in Anspruch nehmen.

5. Vergib dem Täter

Irgendwann wirst du dem anderen vergeben müssen. Das bedeutet nicht, dass du sein Verhalten stillschweigend duldest. Du verstehst aber, dass sein Verhalten durch seinen Schmerz bzw. erlittenen Missbrauch verursacht wurde. Du begreifst auch: Diesem Menschen nicht zu vergeben bedeutet, dass du an deiner Bitterkeit festhältst, und das hält dich wiederum davon ab, in deinem Leben weiterzugehen.

6. Löse dich und lass los

Nachdem du dir selbst und dem anderen Menschen vergeben hast, kannst du dich von deiner Identität als Opfer lösen und sie loslassen. Du hörst auf, auf eine Art und Weise zu reden oder zu handeln, die das Mitleid anderer sucht oder deine Überzeugung verfestigt, dass du verletzt bist und nicht heilen kannst. Du hörst auch damit auf, den Täter zu verurteilen, und entbindest diesen Menschen emotional.

7. Du heilst deine Wunde und lässt die Vergangenheit los

Nachdem du dich so befreit hast, beginnt deine Wunde zu heilen. Ein Grind entsteht über der Wunde; eine neue Haut wächst. Du verleugnest nicht, was geschehen ist, aber es lastet von deiner Seite her keine Anklage mehr darauf. Du verurteilst weder dich noch den anderen. Du lernst die Lektion, welche auch immer du aus dieser Erfahrung lernen kannst, und lässt sie hinter dir zurück.

Lehne es ab, als Opfer oder als Täter aufzutreten

Wie bereits gesagt, gehen Vergebung und Korrektur Hand in Hand. Letztendlich gibt es keine Vergebung ohne Korrektur. Du kannst kein negatives Verhaltensmuster in deinem Leben verändern, solange du nicht bereit bist, deinen Teil zu dieser Veränderung beizutragen.

Dem Täter zu vergeben ist *ein* Teil des Heilungsprozesses. Der andere Teil besteht in deiner Selbstverpflichtung, denen, die dich missbrauchen könnten, die Stirn zu bieten und Nein zu sagen. Das hat nichts damit zu tun, dass du dir für das, was in der Vergangenheit geschehen ist, die Schuld gibst. Absolut nicht. Du konntest dich nicht durchsetzen, als du drei Jahre alt warst und von einem Erwachsenen überwältigt wurdest. Du kannst dich aber jetzt durchsetzen.

Wenn andere dir ihren Willen aufzwingen wollen, kannst du dich weigern mitzuspielen. Du kannst ihnen mitteilen, dass du ihren Rat oder ihre Einmischung in dein Leben nicht brauchst. Du kannst ihnen mitteilen, dass du jetzt Wert darauf legst, deine eigenen Entscheidungen zu treffen. Wenn sie dir den Raum nicht geben, den du einforderst, kannst du sie bitten zu gehen, oder du kannst sie verlassen. Du musst nicht mehr bleiben und weiterhin alles hinnehmen.

Du heilst die Muster der Opferrolle, indem du Verantwortung für dein Leben übernimmst und anderen gegenüber starke, gesunde Grenzen setzt. Du vergibst, was in der Vergangenheit geschah, aber du beschließt, es in Zukunft nicht mehr geschehen zu lassen. Du musst an beiden Richtungen arbeiten. Tatsächlich kannst du das eine nicht ohne das andere tun.

Wenn du ein Täter bist, musst du nicht nur die Vergebung derer suchen, die du verletzt hast. Du musst dich dagegen verwahren, jemand anderen zu verletzen. Du musst die Grenzen akzeptieren, die andere dir gegenüber zu setzen versuchen. Du musst den Versuch aufgeben, sie zu kontrollieren oder dich in ihr Leben einzumischen. Du musst lernen, dich um deine eigenen Angelegenheiten zu kümmern, und mit deinem eigenen Schmerz in Berührung kommen.

Es gibt einen Grund, warum du zum Täter wurdest … Irgendjemand hat dich zu irgendeinem Zeitpunkt in deinem Leben zum Opfer gemacht. Du musst mit der damit verbundenen Angst und dem Schamgefühl in Berührung kommen und deine Verletzung heilen, damit du nicht hinausgehst und jemanden zum Opfer machst. Du musst den Zyklus der Gewalt dort beenden, wo er begonnen hat: in deinem Herzen und in deinem Geist.

Gib Scham und Schuld auf

Es ist immer verlockend, unseren Eltern, Ehepartnern und anderen die Schuld für die erlittenen Verletzungen zu geben. Wir machen sie dafür verantwortlich. Wir vertreiben sie aus unserem Herzen. Wir fühlen uns berechtigt zu unserem Schmerz. Tatsächlich halten wir daran fest. In manchen Fällen wird unsere Verletzung zum Ehrenabzeichen, das wir stolz tragen. Es hilft uns, Zuneigung von anderen zu bekommen. Es sichert uns die Aufmerksamkeit, derer wir uns sonst nicht gewiss sein könnten.

Ich nenne das »unsere Identität in der Verletzung finden«. Es ist eine Form der Anhaftung an die Opferrolle, die uns daran hindert, zu heilen. Unsere Furcht besteht darin, dass andere uns keine Aufmerksamkeit mehr schenken werden, wenn wir aufhören, die Rolle des Opfers zu spielen.

Es ist nicht leicht, sich von einer alten Identität zu lösen. Und es ist so lange unmöglich, solange es sich für uns auszahlt, sie beizubehalten. Wir sind normalerweise nicht bereit, unsere Identifikation mit ihr aufzugeben, es sei denn, es liegt mehr Schmerz als Lohn in ihr. Außerdem haben wir uns so sehr daran gewöhnt, diese Rolle zu spielen, dass wir uns nicht sicher sind, ob wir in der Lage sind oder die Kraft haben, sie zu beenden. Es kann wirklich beängstigend für uns sein, Nein zu anderen zu sagen und unsere eigene Wahl zu treffen, wenn sie sich um uns kümmern möchten. Es ist leichter, den bisherigen Status quo beizubehalten. Dann müssen wir uns nicht aus unserer Komfortzone hinausbewegen und Misserfolg und Demütigung riskieren.

Es gibt zwei dysfunktionale Extreme, was den Heilungsprozess des verletzten Kindes betrifft: Das eine besteht darin, dass wir unsere Verletzung verleugnen oder den Schmerz darüber betäuben. In diesem Fall spüren wir den Schmerz nicht und können ihn somit nicht heilen. Das andere Extrem ist, dass wir an unserer Wunde hängen und unsere Identität darin begründen. In diesem Fall werden wir zu einem professionellen Opfer, das aufblüht, wenn es alte Kriegsgeschichten erzählen kann und die Traumata der Vergangenheit wiedererleben kann.

Keines dieser Extreme ist hilfreich. Wir wollen die Verletzung weder verleugnen noch an ihr hängen. Wir wollen sie sehen, spüren und heilen.

Unseren Eltern die Schuld zu geben, hält uns in der Opferrolle gefangen. Das ist etwas, das möglicherweise in den frühen Stadien unserer Heilungsreise geschieht, wenn wir zum ersten Mal beginnen, den Schmerz unserer Verletzung wahrzunehmen. Es mag sein, dass wir Wut empfinden, von der wir bisher gar nicht wussten, dass sie in uns ist – oder sogar in Rage geraten. Aber das gehört zu Phase eins dieser Arbeit. Wir gelangen nicht in Phase zwei, bis wir aufhören, andere zu beschuldigen, und damit beginnen, Verantwortung für unsere eigene Heilung zu übernehmen.

Die Verantwortung für unsere Heilung übernehmen

Wenn wir unsere Kernwunde heilen möchten, können wir uns nicht in Beschuldigungen ergehen oder zum Dauer-Opfer werden. Wir müssen die Verantwortung für unsere Verletzung übernehmen. Sie gehört zu uns, zumindest vorläufig. Und wir sind die Einzigen, die sie heilen können.

Das bedeutet, dass wir uns einem Prozess der Selbstvergebung und der Vergebung anderen gegenüber verpflichten müssen, der Jahre brauchen wird. Wir dürfen uns davon nicht abhalten lassen. Nur weil die Reise lang ist, heißt das nicht, dass wir unser Ziel nicht erreichen können.

Wir werden unser Ziel jedoch nicht erreichen, wenn wir zulassen, dass die Größe der Aufgabe uns überwältigt. Wir beginnen unsere Reise von tausend Kilometern mit dem ersten Schritt. Wir lernen, behutsam mit uns und anderen umzugehen. Wir setzen einen Fuß vor den anderen. Allmählich erkennen wir, dass wir Fortschritte gemacht haben. Wenn wir zurückschauen, können wir kaum noch den Punkt erkennen, an dem wir begonnen haben.

Nun sind wir mitten in der Wüste. Umkehren ist unmöglich. Nun wissen wir, dass wir die Verpflichtung zur Heilung eingegangen sind, egal, wie lange sie braucht.

Dem Kind in uns Liebe schenken

Die meisten von uns bemerken nicht, dass da ein verängstigtes kleines Kind im Inneren ist, das unser Leben bestimmt. Wir bemerken es nicht, das heißt, wir erkennen es so lange nicht, bis das Kind auf den Kriegspfad geht. Dann aber können weder wir selbst noch andere umhin, es zu bemerken.

Wenn wir unsere Verletzung heilen möchten, müssen wir damit aufhören, uns von unseren Schattenanteilen abzuwenden. Wir werden das zurückgewiesene kleine Kind vom Boden hochnehmen müssen – und lernen müssen, es zu lieben. Wir müssen alle einen Heilungsprozess durchlaufen, bei dem wir lernen, das verängstigte kleine Kind im Inneren zu lieben und unsere Unschuld wiederzugewinnen.

Es mag sein, dass Mama und Papa uns im Stich gelassen und als Auslöser für das alles fungiert haben. Letztendlich jedoch sind wir diejenigen, die uns selbst im Stich gelassen haben. Damit müssen wir aufhören. Wir müssen beginnen, für das Innere Kind da zu sein. Wir müssen zu der Mama oder zu dem Papa werden, die bzw. den es nie hatte.

In diesem Prozess werden wir von dem, der verletzt ist, zu demjenigen, der Akzeptanz und Liebe aufbringt. Das verletzte Kind im Inneren weiß nicht, wie es Liebe schenken kann. Jahrelang sind wir bei ihm oder ihr dermaßen ausgerastet, dass wir selbst nicht wussten, wie wir Liebe aufbringen können. Also haben wir die Schreie des verletzten Kindes ignoriert. Wir hörten das Klagen in der Dunkelheit, konnten aber nicht darauf reagieren. Wir hörten den Schrei nach Liebe, konnten aber nicht darauf antworten.

Und weißt du was? Jetzt hören wir den Ruf und wissen, dass wir die Einzigen sind, die darauf antworten können. Wir wissen, dass wir die Überbringer der Liebe für unsere eigene Erfahrung sind. Wir haben Mitgefühl mit dem Leiden des kleinen Kindes im Inneren. Wir spüren seinen Schmerz, seine Wut, seinen Kummer. Seine Schreie oder Tränen schrecken uns nicht mehr. Wir reichen zu ihm hinunter und schließen es in unsere Arme. »Ich bin hier«, sagen wir ihm. »Ich bin jetzt bei dir und werde nicht weggehen. Ich werde dich nicht mehr im Stich lassen.«

Der spirituelle Erwachsene und das verletzte Kind begegnen sich und kommen in einem Geist der Annahme und Liebe zusammen. Das Kind beginnt, sich sicher zu fühlen, zu heilen und seine Flügel auszubreiten. Der spirituelle Erwachsene setzt anderen Grenzen und hält den Raum geschützt, damit das kleine Kind Vertrauen gewinnen und zu Kräften kommen kann.

Das Kind wird schrittweise neu geprägt und wächst in dem Gefühl auf, der Liebe wert zu sein. Das Christuskind und das verletzte Kind werden eins in der Krippe unseres Herzens. Indem das Kind heilt, wird der Schatten integriert, und das Licht hinter dem Schatten leuchtet hindurch. Das Wahre Selbst ist geboren.

Aus der Asche des Feuers der Zerstörung erhebt sich der Phönix und breitet seine Schwingen aus. Die Auferstehung ist greifbar. Das, was gestorben war, ist wiedergeboren. Wenn du hinhörst, kannst du die Engel im Himmel tanzen hören.

Wichtige Fragen an dich

- Habe ich meiner Mutter und meinem Vater vergeben?
- Haben sie mir vergeben?
- Habe ich meinen Geschwistern vergeben?
- Haben sie mir vergeben?
- Habe ich meinem Ehepartner vergeben?
- Hat er/sie mir vergeben?
- Habe ich meinen Kindern vergeben?
- Haben sie mir vergeben?
- Enthalte ich irgendjemandem meine Vergebung vor?
- Wen habe ich am meisten verletzt? Habe ich um Vergebung gebeten und Wiedergutmachung geleistet?
- Was ist das Größte, das ich einem anderen Menschen vergeben habe?
- Habe ich mir selbst vergeben?
- Was ist das Größte, das ich mir selbst vergeben habe?
- Wo habe ich mich als Opfer verhalten?
- Wo habe ich mich als Täter verhalten?
- Wenn ich ein Opfer bin: Habe ich meine Macht zu mir zurückgeholt und anderen gegenüber gesunde Grenzen gesetzt?
- Hänge ich an meiner Opferrolle?
- Wenn ich ein Täter bin: Habe ich aufgehört, die Grenzen anderer zu überschreiten, und begonnen, meinen Schmerz zu erforschen?
- Habe ich aufgehört, andere zu beschuldigen, und begonnen, die Verantwortung für meine Heilung zu übernehmen?

Wegweiser zu wahrem Glück

PHASE ZWEI

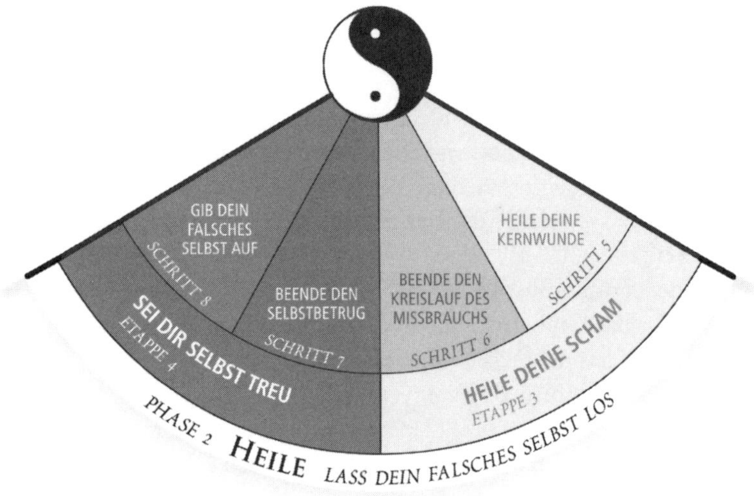

SCHRITT

7

Beende die Muster des Selbstbetrugs

ZIEL

Habe den Mut, du selbst zu sein

STRATEGIE

Hol dir deine Macht zurück.

Verhaltensmuster der Dominanz, Unterwerfung, passiven Aggression und Flucht

Dein reaktives Verhaltensmuster hängt mit deiner energetischen Grundhaltung zusammen. Du neigst dazu, in deinen Beziehungen entweder dominant oder unterwürfig zu sein. Du neigst dazu, anderen Macht über dich zu überlassen und ihnen zu erlauben, Entscheidungen für dich zu treffen, oder aber du neigst zur Kontrolle und dazu, Entscheidungen für andere zu treffen.

Deine energetische Grundhaltung prägt die Art und Weise, wie deine Beziehungen privat und beruflich strukturiert sind. Möglicherweise schränkt sie das Ausmaß kreativer Freiheit in deinem Leben ein. Es gibt vier grundlegende Muster: Dominanz, Unterwürfigkeit, passive Aggression, Vermeidung/Rückzug.

Wenn du ein dominantes energetisches Muster hast, neigst du dazu, Entscheidungen für andere zu treffen und dich kontrollierend zu verhalten. Du ziehst für gewöhnlich einen unterwürfigen Partner an. Hast du ein unterwürfiges energetisches Muster, dann neigst du dagegen dazu, anderen die Erlaubnis einzuräumen, Entscheidungen für dich zu treffen. Du ziehst normalerweise einen dominanten Partner an.

Wenn dein energetisches Verhaltensmuster passiv-aggressiv ist, scheint es so, als würdest du dich anderen unterordnen, aber du wirst insgeheim zurückschlagen. Du ziehst normalerweise einen dominanten oder einen passiv-aggressiven Partner wie dich an. Wenn dein

Verhaltensmuster in Vermeidung und Rückzug besteht, wirst du eine enge Bindung und innige Nähe vermeiden. Du ziehst normalerweise einen Partner an, der nicht verfügbar ist.

Es mag vielleicht hilfreich für dich sein, deine energetische Grundhaltung mit der deiner Eltern zu vergleichen. Oft wird es so sein, dass du einen Elternteil nachahmst und jemanden anziehst, der wie der andere Elternteil ist.

Daher ist es wichtig für dich, dass du deine energetische Grundhaltung erkennst und weißt, welchen Menschentyp du in dein Energiefeld ziehst. Die einzige Möglichkeit, einen anderen Typ Partner anzuziehen, besteht darin, deine energetische Grundhaltung zu verändern.

Verhaltensmuster, um anderen zu gefallen

Manche Menschen haben ein Verhaltensmuster, mit dem sie versuchen, Eltern und anderen Autoritätsfiguren in ihrem Leben zu gefallen. Sie sind unaufhörlich auf der Suche nach Anerkennung und Bestätigung von anderen. Sie versuchen, so zu leben, wie andere das von ihnen möchten. Das hält sie davon ab, erwachsen zu werden, ihre Individualität zu entfalten, ihr eigenes Leben zu leben und ihre eigenen Entscheidungen zu treffen.

Auch nachdem sie ihr Elternhaus verlassen haben, behalten sie dieses Verhaltensmuster bei, indem sie nach Anerkennung von ihrem Ehepartner/Partner streben und an ihn ihre Macht abgeben. Sie überlassen ihm die Macht über sich, und der Partner freut sich, das Kommando zu übernehmen und Entscheidungen für sie zu treffen.

Du kannst keine gleichberechtigte Beziehung mit jemandem führen, dessen Betreuung du übernimmst oder der dich betreut. Darin ist Ungleichheit angelegt. Der eine übernimmt zu viel Verantwortung, der andere zu wenig.

Wenn du jemandem seine Macht nimmst und damit einverstanden bist, Entscheidungen für ihn zu treffen, gehst du eine elterliche Beziehung zu diesem Menschen ein. Du übernimmst die Elternrolle – und er die des Kindes. Solche »Abkommen« wiederholen und erneuern die Verletzungen aus deiner Herkunftsfamilie.

Folgende Handlungsempfehlungen werden dir dabei helfen, dich von diesen ungesunden Mustern zu befreien:

- Stoppe deine Versuche, anderen zu gefallen oder ihre Anerkennung zu gewinnen.
- Setze Grenzen gegenüber den Eltern und anderen Autoritätsfiguren, die versuchen, dich zu kontrollieren, dich zu retten oder über dein Leben zu bestimmen.
- Stehe für dich ein und wende dich von Menschen ab, die dich kritisieren oder dich respektlos, unfair oder unfreundlich behandeln.
- Höre damit auf, eine Elternfigur zu sein, die versucht, Einfluss auszuüben, andere zu kontrollieren, zu retten, zu kritisieren oder zu »reparieren«.
- Verstehe, dass du deine Kraft verschleuderst, wenn du für andere entscheidest. Damit übernimmst du falsche Verantwortung, die nicht zu dir gehört. Das wiederum hindert dich häufig daran, in angemessener Weise Verantwortung für dein eigenes Leben zu übernehmen.
- Triff deine eigenen Entscheidungen und übernimm Verantwortung für sie. Gestehe anderen dasselbe zu.
- Lerne, anderen gegenüber gesunde Grenzen zu setzen.
- Lerne, die Grenzen anderer zu akzeptieren, die sie dir gegenüber setzen.
- Triff die beste Entscheidung, die dir möglich ist, und übernimm Verantwortung dafür.

- Sei mitfühlend mit dir. Gestehe dir deine Fehler ein und lerne aus ihnen.
- Verstehe, dass keine Wahl perfekt ist und dass alle Wahlmöglichkeiten eine Lektion in sich bergen, die gelernt werden will.

Das sind keine Dinge, die du über Nacht bewerkstelligen wirst, aber es ist entscheidend für dich, damit anzufangen, so zu handeln – damit du aufhörst, deine Macht an andere abzugeben oder dir die Macht anderer anzueignen. Die Muster der Ungleichheit – dominant/unterwürfig, Täter/Opfer, Herr/Sklave, Masochist/Sadist – bedeuten Missbrauch für beide Seiten und hindern uns alle daran, in unsere wahre Kraft und Bestimmung zu kommen.

Archetypen des Selbstbetrugs

Deine Kernwunde, deine Grundüberzeugung und deine reaktiven Verhaltensmuster führen zur Erschaffung eines Falschen Selbst, dazu bestimmt, dir zu helfen, mit dem Schmerz deiner Verletzung fertigzuwerden, um die Sicherheit und/oder Liebe zu erhalten, nach der du verlangst. Dieses Falsche Selbst stellt die Art und Weise dar, mit der du dich selbst betrügst, um deine Bedürfnisse gestillt zu bekommen.

Häufig verdichtet sich dein spezielles Muster des Selbstbetrugs zu einem Archetypus oder einer Teilpersönlichkeit. Nehmen wir zum Beispiel an, dass deine Verletzung im *Verlassenwerden* besteht, weil Mama sehr krank war, als du noch klein warst, und sie dadurch nicht in der Lage war, sich um dich zu kümmern. Du hast den Archetypus des *Betreuers* manifestiert, weil du die Grundüberzeugung »Meine Bedürfnisse sind unwichtig« und das reaktive Verhaltensmuster von »Bleiben, aber emotional dichtmachen« entwickelt hast. Als *Betreuer* glaubst du, dass du nur dann Liebe und Akzeptanz erfahren kannst, wenn du deine eigenen Bedürfnisse verleugnest und dich um die Bedürfnisse anderer kümmerst. Das wird also zur Triebkraft in deinem Leben, nicht nur im Hinblick auf deine Mutter, sondern in allen engen Beziehungen.

Lass uns demgegenüber annehmen, dass Mama dich ignoriert, weil sie einen anspruchsvollen Job und weitere fünf Kinder hat, um die sie sich kümmert. Du musst einen Weg finden, um ihre Aufmerksamkeit zu erlangen, also wirst du zum *bösen Jungen* oder *Raufbold.* Du entwickelst die Überzeugung »Wenn ich keine Schwierigkeiten mache, werde ich nicht gesehen«, und dein reaktives Verhaltensmuster ist *»Dableiben und kämpfen«.* Der *Böse-Junge*-Archetypus funktioniert für dich, weil du immer dann, wenn du eines deiner Geschwister schlägst oder Schwierigkeiten in der Schule bekommst, endlich einmal Mamas Aufmerksamkeit kriegst. Und da negative Aufmerksamkeit besser ist als gar keine, lernst du Mamas Wut als den Preis zu akzeptieren, den du für Liebe zahlen musst.

Der Verteidiger, das Opfer und der Fluchtkünstler

Jedem dieser drei Verhaltensmuster – Kampf, Flucht, Bleiben und sich emotional Verschließen – können entsprechende Archetypen zugeordnet werden. Ich führe ein paar auf, über die es sich einmal nachzudenken lohnt:

- ***Verteidiger-Archetypen*** sind ein Versuch, das Kind zu beschützen. Sie stehen in Zusammenhang mit dem *Bleiben-und-kämpfen*-Archetypus. Beispiele sind hier der *Raufbold,* die *Schlampe,* der *böse Junge*/das *böse Mädchen,* der *General* oder *Ausbildungs-*

Feldwebel, die *Amazone* und der *Richter/Kritiker.* Die Verteidiger zeigen normalerweise ein dominantes, kontrollierendes Verhalten. Sie bringen ihre Wut nach außen.

- ***Opfer-Archetypen*** sind ein Versuch, schon in jungen Jahren die Pflichten eines Erwachsenen zu schultern, um die Akzeptanz und Liebe von Eltern und Geschwistern zu bekommen. Sie stehen in Zusammenhang mit dem reaktiven Verhaltensmuster *Bleibe und mach zu.* Darunter fallen beispielsweise der *Betreuer,* der *Workaholic,* die *Krankenschwester,* der *Märtyrer,* der *Sklave,* die *Hure,* der *gute Junge*/das *gute Mädchen* und der *Clown.* Opfer zeigen normalerweise unterwürfiges oder passiv-aggressives Verhalten. Sie richten ihre Wut nach innen.

- ***Träumer-Archetypen*** sind ein Versuch, dem Konflikt und der Verantwortung auszuweichen. Sie stehen in Zusammenhang mit dem reaktiven Verhaltensmuster von *Rückzug/Flucht.* Beispiele hier sind das *wilde Pferdchen,* das *wilde Kind,* der *Angsthase,* der *Künstler,* der *Einsiedler,* das *magische Kind,* der *Don Juan* und die *Femme fatale.* Träumer legen für gewöhnlich ein Verhalten der Isolation, Abkopplung und Vermeidung an den Tag. Sie neigen dazu, ihre Wut so lange nach innen zu richten, bis sie getriggert wird, und verziehen sich dann.

Diese Archetypen werden in Phase zwei des *Real-Happiness*-Workshops tiefer erforscht. Weitere Informationen dazu finden sich im »Handbuch für Teilnehmer« und im »Handbuch für Lehrer«.

Übermäßig und zu wenig behütete Kinder

Es gibt zwei Hauptgründe, warum ein Kind nicht zu einem voll entwickelten Erwachsenen heranwächst: Der eine ist, dass die Eltern zu sehr behüten und das Kind somit kontrolliert und niedergezwungen wird. Der andere ist, dass die Eltern zu wenig Schutz geben und dem Kind zu viel Freiheit und zu wenig Unterstützung gewährt werden.

Dem übermäßig behüteten Kind werden zu viele Grenzen gesetzt, und es wird nie selbstbewusst, gewandt und unabhängig. Von Elternseite erhält das Kind die mehr oder weniger subtile Botschaft: »Du kannst es nicht.« Das Kind wird dafür belohnt, klein und schwach zu bleiben. Im späteren Leben wird dieser Mensch große Schwierigkeiten haben, Verantwortung für sich zu übernehmen. Er könnte Probleme haben, in die Schule zu gehen, einen Job beizubehalten oder Kinder großzuziehen. So tut das *gute Mädchen*/der *gute Junge* beispielsweise, was Mama/Papa von ihm will. Dem Kind werden klare Grenzen gesetzt. Die Verletzung geschieht in diesem Fall dadurch, dass diese Grenzen nicht gelockert werden, wenn das Kind heranwächst, und es dem Kind dann oft schwerfällt, sich aus der elterlichen Kontrolle zu lösen und unabhängig zu werden.

Andererseits kann das zu wenig beschützte Kind ebenfalls Probleme haben, einen Job zu behalten, zur Schule zu gehen oder Kinder großzuziehen. Dieser Mensch geht in die Welt mit einem falschen Selbstvertrauen, ohne ausreichende Qualifikation oder Vorbereitung – und versagt zwangsläufig. Das ist nicht seine Schuld, aber er kann nicht anders, als zu folgern: »Da muss irgendwas mit mir nicht stimmen … Ich kann es nicht.«

Das *böse Mädchen*/der *böse Junge* kämpft beispielsweise gegen jede Form der Kontrolle oder Dominanz. Der junge Mensch lernt, zu schreien, zu schlagen, Wutausbrüche zu inszenieren oder wegzulaufen. Er hat Probleme mit der Disziplin und ist den Eltern oft peinlich. Obwohl er Autoritätsfiguren gegenüber aufsässig ist, besitzt er nicht wirklich Selbstbewusstsein, sondern legt eher eine Art Angeberei/Vermessenheit an den Tag, die daraus resultiert, handeln zu dürfen, ohne Grenzen oder Konsequenzen zu spüren.

Ebenso wie der *böse Junge*/das *böse Mädchen* wird dem *wilden Kind* zu wenig Schutz zuteil. Es wird von den Eltern vernachlässigt, im Stich gelassen oder ignoriert und erfährt keine Grenzen, Regeln oder Betreuung. Es bleibt ihm nur, auf sich selbst aufzupassen, weil die Eltern sich nicht blicken lassen, um diese Aufgabe zu übernehmen. Die Eltern sind unsicher und haben kein Selbstvertrauen. Sie behaupten weder ihre Autorität als Eltern noch setzen sie dem Kind Grenzen. Das Kind darf tun, was es will. Dadurch, dass ihm diese – einem Erwachsenen gemäße – Freiheit gelassen wird, ohne Disziplin, Grenzen oder Erwartungen seitens der Eltern, wird das *wilde Kind* selbstsüchtig, rücksichtslos und unsozial.

Sowohl das zu wenig als auch das zu sehr beschützte Kind kann tief verletzt sein. Normalerweise nehmen die Betroffenen dann bei ihren eigenen Kindern das jeweils gegenteilige Erziehungsmuster an, in dem Versuch, die Sorte Erziehung zu vermeiden, mit der sie aufgewachsen sind. Übermäßig behütete Kinder geben ihren Kindern zu viel Freiheit. Zu wenig beschützte Kinder verhalten sich oft kontrollierend ihren Kindern gegenüber.

Was hast du als Kind erlebt? Wie sieht dein Erziehungsstil bei deinen Kindern aus?

Die Teilpersönlichkeiten des Falschen Selbst

Alle Teilpersönlichkeiten, aus denen sich das Falsche Selbst zusammensetzt, sind wundgesteuert und aus Scham und Angst entstanden. Diese Teilpersönlichkeiten halten dich in einengenden Rollen gefangen, die dich willkürlich von anderen trennen oder dir eine unangemessene Verantwortung aufbürden, die dich davon abhält, erwachsen zu werden und in deine Kraft zu kommen.

Alle Teilpersönlichkeiten sind psychische/energetische Strukturen, die zur Folge haben, dass du dich von deinem Kernselbst abwendest und es betrügst. All das führt zu dysfunktionalen, wechselseitig abhängigen Beziehungen, die den Kreislauf des Missbrauchs aufrechterhalten.

Solange du diese Archetypen des Selbstbetruges auslebst, trittst du als Opfer oder Täter auf. Dann wirst du eine dominierende oder eine unterwürfige Rolle, eine passiv-aggressive oder eine vermeidende Rolle spielen. Obwohl all diese Rollen im Sinne einer Überlebensstrategie angenommen werden, stellen sie dich letztendlich nicht wirklich zufrieden. Am Ende wirst du zu der Erkenntnis kommen, dass Selbstverrat ein zu hoher Preis fürs Überleben ist.

Bis du zu dieser Erkenntnis gelangst, bleibt dein Falsches Selbst mit all seinen Archetypen des Selbstbetrugs bestehen. Eines Tages aber eskaliert der psychische Schmerz des Selbstbetrugs. Du bist den Versuch leid, dich permanent so zu zeigen, wie andere das von dir wollen oder erwarten. Du kündigst den Job und/oder verlässt die Beziehung, in der du entweder auf deine Macht verzichtest oder versuchst, andere zu kontrollieren. Du weigerst dich, einen weiteren Schritt als Opfer oder Täter zu gehen.

Manche treffen eine bewusste Entscheidung, um aus ihrem Leben des Selbstbetrugs auszusteigen, während andere eine kleine Hilfe des Universums benötigen. Wenn wir nicht in der Lage sind, den Stier bei den Hörnern zu nehmen, nimmt vielleicht der Stier uns auf die Hörner, was unangenehm werden könnte. Jobs und Ehen können dann unversehens enden. Es können unerwartete gesundheitliche Probleme auftauchen. Unfälle können passieren. Meistens geschieht etwas, das unsere Aufmerksamkeit auf sich zieht und uns unmissverständlich bedeutet, dass der Status quo verändert werden muss.

Deine Macht zu dir zurücknehmen

Um deine Macht wiederzuerlangen, musst du erst erkennen, auf welche Art und Weise du sie abgibst. Tauschst du deine Freiheit gegen Sicherheit ein? Erlaubst du anderen, Entscheidungen für dich zu treffen, weil es dir an Selbstvertrauen mangelt oder du Versagensängste hast? Kann man sagen, dass du häufig eine unterwürfige Rolle in engen Beziehungen spielst? Hasst du Veränderung und gehst Risiken aus dem Weg? Inwiefern hältst du dich zurück oder stützt dich auf andere?

Oder umgekehrt: Bist du ein Betreuer, der gerne Verantwortung übernimmt und daran Freude hat, Entscheidungen für andere zu treffen? Mischst du dich auf unangemessene Weise in das Leben anderer ein? Bist du aufdringlich oder kontrollierend? Überschreitest du Grenzen und ignorierst du Grenzen, die andere dir zu setzen versucht haben? Zwingst du anderen deine Ideen und Wertvorstellungen auf? Spielst du oft eine dominierende Rolle in deinen engen Beziehungen?

Oder bist du ein Fluchtkünstler, der sich weigert, andere zu kontrollieren oder kontrolliert zu werden? Reagierst du so empfindlich auf Worte und Handlungen anderer, dass du beim ersten Anzeichen von Anstrengung oder Uneinigkeit wegrennst? Hast du Angst vor Nähe zu anderen? Fällt es dir schwer, Bindungen einzugehen? Wenn eine Beziehung oder ein Job zu Ende geht – bist du derjenige, der geht?

Welche Verhaltensmuster wiederholen sich in deinem Leben? Wovor hast du Angst? Was versuchst du zu vermeiden? Wodurch werden deine Knöpfe gedrückt und was setzt deine reaktiven Verhaltensmuster in Gang? Es ist nicht einfach, sich all das anzuschauen, aber es ist notwendig, wenn du aufhören möchtest, deine Macht abzugeben, und lernen möchtest, dir selbst und anderen zu vertrauen. Wir geben alle unsere Macht ab und/oder eignen uns die Macht anderer an. Wir haben alle unser Thema mit dem Vertrauen. Du musst dich dafür nicht schämen. Du musst nur dein Muster erkennen, damit du damit anfangen kannst, eine andere Wahl zu treffen.

Wenn du zum Beispiel in allen Beziehungen als Märtyrer oder Betreuer auftrittst, werden deine emotionalen Bedürfnisse nicht gestillt. Deine Überzeugung »Meine Bedürfnisse sind nicht von Bedeutung« bestimmt dein Leben.

Menschen, die nach Betreuern suchen, fühlen sich spontan von dir angezogen. Und wenn du jemandem begegnest, der keinen Betreuer braucht, ist da von deiner Seite keine Anziehungskraft. Deine Überzeugung »Ich werde keine Liebe erhalten, wenn ich nicht für dich sorge« zwingt dich immer und immer wieder in dieselbe Rolle.

Du kannst das nur verändern, indem du dir dessen bewusst wirst und anfängst Nein zu sagen, wenn bedürftige Menschen in dein Leben treten. Wenn sich dir ein Mensch auf Krücken nähert und dich um eine Bleibe bittet, setzt du deinen inneren Drang, ihn in dein Haus einzuladen und gesund zu pflegen, außer Kraft und sagst ihm: »Ich verstehe, dass du dich zu mir hingezogen fühlst, weil ich in der Vergangenheit ein guter Betreuer war, aber ich habe genug von dieser Rolle. Jetzt lerne ich, für mich selbst zu sorgen.«

Indem du lernst, für dich einzutreten und die alten dysfunktionalen Rollen von dir zu weisen, die du übernommen hattest, um von anderen Liebe zu bekommen, findest du heraus, dass du in der Lage bist, dir unmittelbar selbst Liebe und Akzeptanz zu geben. Du sorgst für dich. Du wirst zu deiner eigenen Krankenschwester/zu deinem eigenen Krankenpfleger. Und du beginnst damit, die hinter der falschen Überzeugung »Meine Bedürfnisse sind unwichtig« liegende Verletzung zu heilen. Indem die Wunde heilt, fällt sowohl die Überzeugung von dir ab als auch die Rolle, die daraus entstanden war.

Wenn jetzt jemand die Aufforderung »Würden alle Betreuer bitte aufstehen?« in den Raum stellt, dann lernst du, auf deinem Stuhl sitzen zu bleiben. Die Muskeln in deinen Beinen mögen sich anspannen, weil sie gewohnt sind, diesem Ruf zu entsprechen, aber sie werden mit der Zeit lernen, sich zu entspannen. Du hast dich von innen nach außen verändert. Du läufst nicht mehr im selben Modus.

Da der Selbstbetrug und die Verhaltensmuster, die ihn nährten, ein Ende haben, bist du frei, du selbst zu sein. Das ist der Augenblick wahrer Befreiung. In diesem Moment ist deine Heilungsreise im Wesentlichen abgeschlossen, und du kannst damit anfangen, in deine wahre Kraft und in deine Bestimmung zu kommen.

Wichtige Fragen an dich

- Worin besteht mein reaktives Verhaltensmuster: Kampf, Flucht oder »Bleiben und sich emotional verschließen«?
- Bin ich dominierend und kontrollierend oder passiv und unterwürfig – oder reagiere ich mit Vermeidung und habe Angst vor Nähe/Verbindlichkeit?
- Habe ich das von einem oder von beiden meiner Elternteile übernommen?
- Habe ich ein Verhaltensmuster, mit dem ich Entscheidungen für andere treffe oder zulasse, dass andere Entscheidungen für mich treffen?
- In welchen Bereichen muss ich mich zurücknehmen und anderen den Raum lassen, ihre Entscheidungen selbst zu treffen?
- Welche Grenzen muss ich anderen gegenüber setzen, um meine Macht zurückzugewinnen?
- Welche Grenzen muss ich achten, um andere nicht mehr ihrer Macht zu berauben?
- Welche Teilpersönlichkeiten habe ich als Kind entwickelt, um zu überleben, und wie haben sie meinen Selbstbetrug verstärkt?
- Welche Rollen muss ich ablehnen, um damit aufzuhören, mich selbst zu betrügen, und damit anzufangen, den Schritt in meine Kraft und Bestimmung zu machen?

SCHRITT

8

Gib dein Falsches Selbst auf

ZIEL

Löse dich von einschränkenden Rollen und Überzeugungen

Strategie

Lass deine Geschichte los.

Wie ich schon sagte, wirst du deine Überzeugung nicht durch eine Menge Affirmationen verändern, die du im Grunde deines Wesens selbst nicht glaubst. Um deine Überzeugungen zu heilen, musst du dich radikal selbst lieben und erkennen, dass du einer unwahren Geschichte darüber, wer du selbst bist, Glauben geschenkt hast.

Der Archetypus des Selbstbetrugs – die Teilpersönlichkeit, die du angenommen hast, um deine Bedürfnisse im Leben gestillt zu bekommen – ist die Essenz deiner Geschichte. Du wähltest, der *Märtyrer,* der *böse Junge* oder das *ewige Kind* zu sein, weil du Zustimmung und Liebe bekamst, wenn du dich in dieser Rolle zeigtest. Diese Rolle war aber nur eine Rolle. Sie war nicht, wer du bist.

Du musst einsehen, dass du dich unsicher und nicht darin unterstützt fühltest, zu sein, wer du bist. Aus diesem Grund wähltest du, jemand anderer zu sein. Du warst klug genug, zu erkennen, was andere wollten oder von dir erwarteten, und hast dein Bestes getan, um so zu werden. Vielleicht ist es dir gelungen. Vielleicht hattest du eine gute Maske und spieltest deine Rolle überzeugend. Vielleicht war auch weder deine Rolle noch deine Darbietung gut. Du weißt, inwieweit du dir die Geschichte selbst geglaubt hast und wie gut es dir gelungen ist, sie zu verkaufen.

Wenn du gut darin bist, die Geschichte zu inszenieren, könnte es sein, dass du glaubst, die Rolle, die du spielst, sei, was du bist. Es kann sein, dass du deinen Lügen und falschen Vorspiegelungen glaubst. In diesem Fall wird es schwieriger für dich sein, zu erkennen, wie du dich mit dieser Geschichte unter Wert verkaufst. Solange du selbst und die Menschen um dich herum die Geschichte glauben, wirst du den damit verbundenen Schmerz und den Selbstbetrug nicht spüren.

Aber früher oder später wird sich die Geschichte über dich von selbst zerstören, weil sie unwahr ist. Sie kann nicht auf ewig aufrechterhalten werden. Die Maske beginnt zu bröckeln. Die Rolle fühlt sich irgendwann unbehaglich an. Der Selbstbetrug wird spürbar, und die Geschichte wird, vielleicht zum ersten Mal, infrage gestellt. Du fragst dich: »Bin ich das wirklich?«, und die Antwort lautet: »Nein!«

Wenn du klug bist, erkennst du, wenn Humpty Dumpty im Begriff ist, von der Mauer zu fallen, und du machst eine Therapie oder schließt dich einer Selbsthilfegruppe an. Es ist hart, die Geschichte in tausend Stücke zerschellen zu sehen, wenn diese Teile einst zu dir zu gehören schienen. Manchmal ist es für deinen Mann oder deine Frau noch schwerer, dein Leben auseinanderfallen zu sehen, weil sie die Geschichte wahrscheinlich noch glauben, die du ihnen über dich erzählt hast. Selbst deine Freunde, deine Kinder, deine Arbeitskollegen und die anderen Gemeindemitglieder glauben noch an diese Geschichte.

Die eigentliche Revolution besteht darin, dass *du* die Geschichte nicht mehr glaubst, während alle anderen noch daran glauben mögen. Begehe nicht den Fehler, zu versuchen, dich in der Hoffnung auf Unterstützung und Verständnis an einen von ihnen zu wenden. Sie sind dem »alten Du« verhaftet. Das »neue Du« ist für sie unberechenbar, vielleicht sogar angsteinflößend. Sie könnten sogar argwöhnen, du seist ein bisschen verrückt, und versuchen, dich dazu zu kriegen, dass du dich in die Klapsmühle begibst.

Mach ihnen keine Vorwürfe. Sie können einfach nicht anders. Sie möchten das »alte Du« wieder zurück und haben noch nicht verstanden, dass der Mensch, den sie einst kannten – der, der seine Rolle so makellos spielte –, für immer gegangen ist.

Suche dir eine Heilungsgemeinschaft, die dich in deiner Transformation unterstützen kann. Finde Menschen, die dir helfen, authentisch zu werden und die Wahrheit darüber zu sagen, wer du bist. Nimm eine Zeit lang Abstand von den alten Rollen und Verantwortungen. Es fällt dir ohnehin schwer, dich in ihnen zu zeigen. Es kann sogar sein, dass es dir komplett unmöglich ist, sie weiterzuführen. Dein Herz ist einfach nicht mehr dabei.

Leg also eine Pause ein. Nimm dir Zeit für deine Midlife-Krise. Deine Werte verändern sich. Es ist dir nicht mehr möglich, dich selbst zu betrügen oder deine Macht an andere abzugeben. Es ist dir nicht mehr möglich, deine Maske aufzusetzen und arbeiten zu gehen oder ein Lächeln aufzusetzen und das Abendessen zu machen. Diese Tage sind vorbei.

Erkenne die Zeichen der Krise und gib dir Zeit und Raum, um hindurchzugehen. Ansonsten wirst du unerträglichen Schmerz erleiden. Wenn die Zeit für die Veränderung kommt, musst du mit ihr zusammenarbeiten. Das Leben ist eine viel bessere Hebamme, wenn du einen behutsamen, unterstützenden Raum für die Geburt des Babys (deines Wahren Selbst) gestaltest.

Es ist notwendig, zu verstehen, dass es sich hier um eine ernste Angelegenheit handelt. Hier geht es um dein Leben, also setze es nicht in den Sand. Übergehe die Warnsignale nicht. Wenn Shiva auftaucht, um dein Leben zu zerschlagen und dich auf die Knie zu zwingen, arbeite mit ihm zusammen. Versuche nicht, an deinem alten Leben festzuhalten. Ergib dich. Geh auf deine Knie. Lass zu, dass die alten Rollen von dir genommen werden, sodass sie dir keine Last mehr sind.

Du bist wie eine Schmetterlingsraupe, die sich in den Kokon der Transformation einspinnt. Wenn du einmal die Geburtskammer betreten hast, ist das »alte Du« vergangen. Du kannst nicht mehr umkehren und wieder zurückgehen. Die sechzehn Beine, die dich bislang über der Erde trugen, wurden vom Fruchtwasser absorbiert. Sie existieren nicht mehr. Es gibt keine Möglichkeit mehr, den Prozess jetzt noch aufzuhalten. Du musst da durch. Also entspanne dich. Lass das Falsche Selbst sterben und das Wahre Selbst geboren werden.

Wenn du herausschlüpfst, wirst du leuchtend bunte Flügel haben. Du wirst nicht mehr mühsam auf der Erde schuften müssen. Du wirst deine Flügel ausbreiten und fliegen. Alle Masken werden fort sein. Die Rollen werden verschwinden. Die Archetypen des Selbstbetrugs werden in Archetypen der Transformation und Ermächtigung verwandelt.

Die Wahrheit ist, dass die Zeit der zweiten Geburt – der spirituellen Transformation – für jeden kommt. Nicht alle entscheiden sich dafür, den Ruf zu beachten. Manche bleiben im Selbstbetrug und lassen ihre spirituellen Flügel nie wachsen. Sie tun sich mit dem Lernen schwer. Sie wissen nicht, wie sie es bewerkstelligen sollen, sich selbst oder jemand anderem zu vertrauen. Sie werden als Schmetterlingsraupe wiedergeboren werden und die Reise ein zweites oder drittes Mal unternehmen. Das ist in Ordnung. Geduld ist eine Tugend. Wir müssen das alle lernen.

Diejenigen aber, die wissen, dass die Geschichte eine Lüge ist, müssen die Geschichte loslassen. Sie hat ihren Zweck erfüllt. Sie wird nicht mehr gebraucht. Sie muss wie eine alte Haut abgestreift werden. Die neue Haut hat sich ganz von selbst gebildet, während die alte Haut abgeworfen wurde. Die neue Geschichte mit ihren neuen, aufbauenden Überzeugungen kann nicht geschrieben werden, solange die alte nicht widerlegt und verworfen wurde.

Geburt und Tod gehen Hand in Hand. Wie der Phoenix wird das Wahre Selbst aus der Asche des Falschen Selbst geboren. Das blendend helle Licht Mensch gewordener Liebe wird am Ende der *»dunklen Nacht der Seele«* erfahren. Aus dem Schmerz erwachsen Weisheit und Einsicht. Aus dem Selbstbetrug geht das Wahre Selbst hervor, das niemals betrogen werden kann. Es lebt in allen. Und wenn alles, was falsch ist, abgestoßen wurde, wird es wie von selbst geboren.

Jeder ist ein leuchtendes Wesen, das viel Liebe zu geben und eine große Bestimmung zu erfüllen hat. Das Wahre Selbst weiß, wie es diese Liebe geben und diese Bestimmung erfüllen kann. Deshalb ist seine Geburt in diese Welt hinein von höchster Bedeutung.

Christus-Selbst, Buddha-Natur und das Wesen des Tao

Es spielt keine Rolle, ob du von Moses, Christus, Krishna, Buddha oder Laotse inspiriert bist. Alle großen Weisheitstraditionen sprechen von der Geburt des Wahren Selbst. Wichtig daran ist, dass du erkennst: Es geht bei dem Wahren Selbst nicht um jemand anderen. Es geht um dich.

Du bist der Überbringer der Liebe. Du bist der Gesalbte. Du bist es, der als das Licht in der Dunkelheit aufgeht. Du bist die Stimme in der Wüste. Solange du nicht in die Fülle deiner Kraft und Bestimmung gelangst, findet keine Erlösung in der Welt statt. Jesus kam, um uns das zu zeigen. Ebenso Buddha. Alle Meister taten das.

Dein Erwachen, deine Heilung und Ermächtigung ist von überragender Bedeutung. Glaube bitte nicht, dass du ohne Gaben gekommen bist, die du verschenken, oder ohne die Kraft, die du ihnen verleihen kannst. Wie alle anderen Menschen auch bist du hier, um ein Instrument der Liebe und Vergebung zu sein.

Wenn du ein anderes Ziel benötigst als dieses, dann verstehst du die große Reise nicht, die du unternimmst. Du verstehst nicht, warum du gelitten und von deinen Fehlern gelernt hast und warum du gefallen und wieder aufgestanden bist. Du verstehst nicht, dass du nicht nur hier bist, um zu erwachen und zu heilen, sondern auch, um zu führen und zu dienen.

Die Welt verdunkelt sich ohne das Licht der Sonne über ihr. Der göttliche Geist bleibt im Verborgenen und gerät in Vergessenheit ohne die Gegenwart der Lichtträger. Wie du sind sie gekommen, um den Weg für das Gottesvolk zu beleuchten. Sie könnten diesen Part aber nicht übernehmen, wenn sie das Licht in sich nicht entdeckt hätten.

Wenn du einmal das Licht im Inneren entdeckt hast, trägst du es in die Welt hinaus. Deshalb bist du hier.

Die Frohe Botschaft

Die Frohe Botschaft ist, dass du nicht gekommen bist, um als Raupe auf der Erde zu kriechen. Du bist hier, um in einen leuchtend bunten Schmetterling verwandelt zu werden, der den Nektar der schönsten Blumen trinkt. Das trifft nicht nur auf dich zu. Das trifft auf jeden zu.

Unterschätze die Macht oder den Sinn der Reise nicht. Erkenne, dass es gewürdigt werden muss, wenn die Zeit zur Transformation kommt. Schritt acht besagt: Lass die Vergangenheit los, damit das Alte sterben und das Neue in deinem Leben geboren werden kann.

Manchmal ist es beängstigend, das gehen zu lassen, was vertraut ist. Aber es festzuhalten funktioniert nicht mehr. Solltest du das versuchen, werden die Dinge schwieriger. Du lernst loszulassen, weil das Loslassen den Transformationsprozess voranbringt.

Lass die alten Begrenzungen des Selbst schwinden. Du musst dich ganz von Neuem kennenlernen. Du bist wie ein Neugeborenes. Du weißt noch nicht, wer du bist. Du musst dir Zeit dafür nehmen, herauszufinden, wer du bist und was dir wichtig ist. Dieses Mal bist du dein eigener Erzieher und Führer. Kein anderer wird dir über die Schulter schauen oder dir sagen, was du zu tun oder zu glauben hast. Du bist Zeuge und Mitwirkender gleichermaßen, derjenige, der spricht, und der, der zuhört.

Jesus sagte: »Ich bin der Weg, die Wahrheit und das Leben.« Dasselbe trifft nun auch auf dich zu. Der Weg ist für dich geebnet. Die Wahrheit über dich ist offenbar geworden. Und dein Leben entfaltet sich. Deine Aufgabe besteht lediglich darin, zu ehren, was wahr ist, was sich richtig anfühlt und was spontan und ohne Anstrengung geschieht. Du bist hier, um den Großen Weg – das Tao – sich durch dich entfalten zu lassen. Das Tao bewegt sich vertrauensvoll wie ein Fluss, der ins Meer strömt. Es kreist um Äste und Felsen, passt sich allen Hindernissen an und tanzt mit ihnen so lange, bis sie aufhören, Hindernisse zu sein, und sich mit der Strömung des Flusses vereinigen.

Wenn das Wahre Selbst geboren wird, werden das persönliche und das unpersönliche Leben eins. Jetzt bist du ganz und gar du selbst, individuell entwickelt und einzigartig, und bist auch reif, deinen Part in der kollektiven Reise zu spielen.

Solange dein unverwechselbares Sein nicht ausgebildet war und du deine Geschichte noch nicht losgelassen hattest, konntest du deine Rolle in der Heilung des menschlichen Bewusstseins auf dem Planeten Erde nicht übernehmen. Du hattest es vielleicht versucht, aber solange der Selbstbetrug nicht wegfällt, werden alle Bemühungen, anderen zu dienen, unausweichlich scheitern. Jemand, der wundgesteuert ist, kann anderen nicht helfen, ihre Wunden zu heilen. Jetzt aber, wo der Selbstbetrug vorüber ist, kann deine Bestimmung als Heiler und Lichtträger offenbar werden.

Du musst das nicht alles genau ergründen. Schritt acht sagt dir, dass du einfach nur deine Geschichte loslassen musst. Die neue Geschichte wird sich von selbst entfalten. Sie kann und wird nicht von außen angeordnet werden. Sie wird sich in ihrer eigenen Zeit, ohne Eile, von innen nach außen entwickeln. Wenn du reif bist, wird der Ruf kommen, und du wirst darauf antworten, auch wenn du nicht weißt, wie.

Alles, was du bislang gewohnt warst, für dich und durch dich zu tun, wird nun auf eine andere Weise geschehen. Der Geist wird seinen Willen in deinem Herzen kundtun, und deine Hände und Füße werden sich auf sein Geheiß bewegen. Die Worte, die du sprechen sollst, werden auf deinen Lippen sein, wenn sie gesprochen werden wollen. Und die Taten des Geistes werden durch dich fließen, wie das Wasser im Flussbett fließt, mit spielerischer Leichtigkeit, weil das Wahre Selbst die Führung übernommen hat und das Falsche Selbst abgefallen ist.

Wichtige Fragen an dich

- An welchen falschen Überzeugungen – falls da noch welche sind – halte ich noch fest?
- Wo halte ich noch an meiner Vergangenheit fest, mit all ihrem Schmerz, dem Mangel an Authentizität und wiederholtem Selbstbetrug?
- Worin besteht der Lohn dafür, an der Vergangenheit festzuhalten?
- Welche Grundüberzeugung möchte ich infrage stellen und verändern?
- Welche Rollen oder Archetypen des Selbstbetrugs resultieren aus dieser Grundüberzeugung?
- Was ist – in aller Kürze – meine Geschichte, und in welcher Hinsicht ist sie unwahr?
- Wann habe ich erkannt, dass meine Geschichte unwahr ist und mich davon abhält, ein erfülltes Leben zu leben?
- Kann ich diese Geschichte loslassen und unverhüllt und frei sein?
- Gehe ich im Augenblick durch einen Transformations-/Geburtsprozess in meinem Leben?
- Überlasse ich mich ihm oder leiste ich Widerstand?
- Kann ich loslassen und dem Prozess vertrauen?
- Kann ich zulassen, dass mein Falsches Selbst stirbt und mein Neues Selbst geboren wird?

Übergang zu Phase drei

Die spirituelle Krise überstehen

Dies ist eine Zeit des großen Paradigmenwechsels in unserem Leben. Es ist eine Zeit, in der die alten, von Angst und Schuld getriebenen Muster ein Ende haben und der neue Geist und von Liebe gesteuerte Muster ihren Anfang nehmen müssen.

Das geschieht weder über Nacht noch läuft es auf gepflegte oder hübsche Art und Weise ab. Mitunter sterben alte Muster nur schwer. Bisweilen zeichnen sich neue Muster nur sehr langsam ab. Das kann sich unangenehm anfühlen und chaotisch wirken.

Bei vielen geht mit der Veränderung ihrer Paradigmen irgendeine Art von spiritueller Krise einher. Das Alte ist tot und das Neue noch nicht geboren, sodass hier eine gewisse Desorientierung und sogar Hoffnungslosigkeit zutage treten können. Alte Werte und Überzeugungen, Freundschaften, die Familie und bisherigen sozialen Strukturen unterstützen uns nicht mehr. Wir sind in einem eigenartigen Niemandsland.

Die spirituelle Übung, uns mit der Liebe zu verbinden, hilft uns, uns auf die Transformation vom Larvenstadium zum Schmetterlingsdasein in unserem Leben vorzubereiten, die alle durchlaufen müssen. Sie hilft uns, dem Prozess emotionaler Heilung und psychischen Wachstums zu vertrauen, der uns auf den Quantensprung aus einem von der Angst dirigierten Leben in ein von der Liebe gesteuertes Leben vorbereitet.

Um wachsen zu können, gehen wir durch ein Stadium der Verpuppung. Wir stoppen unsere nach außen gerichtete Bewegung und beginnen, uns nach innen zu bewegen. Wir hören auf, im Außen nach Liebe und Akzeptanz zu suchen, und fangen an, sie in uns selbst zu suchen. Das ist der Wendepunkt in unserem Leben.

Im Stadium der Verpuppung lernen wir, Liebe und Akzeptanz in unser Erleben einzubringen. Das sendet eine Botschaft an unsere Seele, dass wir reif sind, bewusst am Vorgang unserer spirituellen Geburt teilzunehmen. Wenn wir uns an diesem Prozess bewusst beteiligen, muss er nicht jäh, schmerzhaft oder verwirrend sein.

Wir können nicht sicher durch diesen Prozess der spirituellen Neugeburt gehen, ohne uns in die Liebe unseres Kernselbst zu hüllen und die Liebe der Großen Mutter zu spüren, deren einziges Gebet darin besteht, dass wir alles hervorbringen mögen, was in uns wahr ist. Wenn wir die Praxis nicht pflegen, uns selbst Liebe zu bringen, wird unsere Angst zu groß sein, das Falsche Selbst loszulassen. Das wäre so, als würden wir uns in einen Abgrund fallen lassen.

Dies ist eine Zeit, in der wir viel Unterstützung brauchen. Wir brauchen unsere echten Freunde und die Mitglieder unserer spirituellen Familie oder Gemeinschaft, um den Raum für uns zu halten. Oft brauchen wir die Hilfe eines erfahrenen Therapeuten, Führers oder Mentors, der diese Reise selbst gemacht hat und weiß, wie er uns helfen kann, uns zu orientieren.

In spirituellen Schriften wird diese Zeit der Transformation oft als die *»dunkle Nacht der Seele«* erwähnt. Sie ist dunkel, weil uns alles, worauf wir uns bislang verlassen haben, entrissen wird. Es ist eine intensive Krise, in der wir zu neuem Glauben und einem neuen Sinn für unser Leben finden müssen. Häufig vollzieht sich dies in einer Art Midlife-Krise, wenn es an der Zeit ist, alte Rollen und Pflichten infrage zu stellen. Gelegentlich tritt sie auch bei Menschen jüngeren Alters auf.

Natürlich verpflichtet sich nicht jeder der emotionalen Heilung und spirituellen Praktiken, um sich mit seinem Kernselbst zu verbinden. Nicht jeder bewegt sich ganz organisch in einen Zustand, in dem er das Alte loslässt und sich von den Bürden befreit. Nicht jeder hat die Unterstützung einer spirituellen Gemeinschaft oder eines spirituellen Therapeuten.

Manche Menschen rufen nach Veränderung auf einer Seelenebene, doch sie begreifen nicht, worum sie da bitten. Sie möchten, dass ihr Leben besser wird, wissen aber nicht, dass das Gefüge der Verleugnung zerbröckeln muss, damit eine Änderung eintreten kann.

Sie widersetzen sich dem Wachstum und bleiben an ihren Arbeitsplätzen, in ihren Beziehungen und anderen Rollen/Strukturen weit über den Punkt hinaus, an dem sie aus ihnen herausgewachsen sind. Um erwachen zu können, kreiert ihre Seele eine Art Sturm oder Heilungskrise in ihrem Leben. Sie werden vielleicht krank oder haben einen Unfall. Vielleicht stirbt jemand, der ihnen nahesteht, oder sie haben eine Nahtoderfahrung. Ihr Haus brennt möglicherweise ab; ihre Ehe mag in die Brüche gehen; ein Job, den sie zwanzig Jahre lang ausgeübt haben, könnte gekündigt werden; vielleicht melden sie sich zu einem Alkohol- oder Drogenentzug an. So oder so erreichen sie einen Tiefpunkt. Sie wissen, dass sie sich ändern müssen. Es gibt einfach kein Zurück mehr.

Für diejenigen, die auf die Warnsignale achten, muss der Prozess von Tod und Wiedergeburt nicht plötzlich kommen oder sich dramatisch gestalten. Wir können die Muster unseres Selbstbetrugs erkennen und damit beginnen, sie zu verändern. Wir können uns aus unseren Gefängnissen befreien, bevor sie unerträglich werden. Wir können Humpty Dumpty von der Mauer holen, bevor der Untergrund zu beben beginnt. Wir haben die Möglichkeit, das bewusst und schrittweise zu tun, weil wir eine Verbindung zu unserem Kernselbst hergestellt haben und bereit sind, aus der kreativen Blaupause heraus zu leben, mit der wir geboren wurden.

Bevor wir zum großen Sprung unseres Sinneswandels ansetzen, wissen wir, dass da Land auf der anderen Seite des Abgrunds ist. Wir wissen, dass wir uns von Rollen und Pflichten wegbewegen, denen wir entwachsen sind. Wir werfen bewusst unsere alte Haut ab. Wir legen unsere Lasten ab und fangen an, uns für eine neue Vision unseres Lebens zu öffnen.

TEIL DREI

Ermächtigung

Wegweiser zu wahrem Glück

PHASE DREI

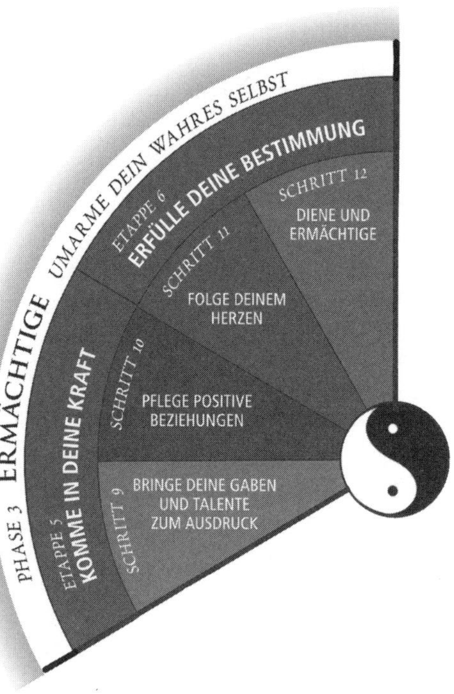

SCHRITT

9

Bringe deine Gaben und Talente zum Ausdruck

ZIEL

Tue das, was du liebst

STRATEGIE

Sei kreativ. Gehe Risiken ein.

Nachdem du jetzt in die Ermächtigungsphase dieser Arbeit fortgeschritten bist, ist es an der Zeit, dass du aufhörst, zu tun, was du nicht tun möchtest, und anfängst, zu tun, was du tun willst. Der Selbstbetrug muss ein Ende haben. Die Selbstwürdigung muss einsetzen.

Wenn du dich dazu zwingst, eine Arbeit zu tun, die dich nicht ehrt oder die deine schöpferische Passion nicht mit einbezieht, führt das zu Depression. Dann wird keine Energie oder Freude in deinem Leben aufkommen. Es ist also notwendig, diesem Verhaltensmuster zu entsagen.

Erkenne, inwiefern du in der Vergangenheit dein Leben so gelebt hast, wie andere es von dir erwarteten. Dabei hast du manche deiner zentralen Interessen, Leidenschaften und Gaben begraben. Jetzt ist es an der Zeit, deinem Herzen zu folgen und deine Gaben einzubeziehen. Komm in Berührung mit dem, was du wirklich willst und wofür du bereit bist, dich einzusetzen.

Wenn dich deine derzeitige Arbeit nicht interessiert, wenn du nicht wirklich von ihr überzeugt bist, wirst du weiter im Selbstbetrug leben. Tu das nicht mehr. Gib dir selbst die Zeit und den Raum, deine Träume zu leben.

Deine kreative Energie kehrt zurück, wenn du dich selbst achtest und tust, was du zu tun liebst. Das ist es, was dich mit Freude erfüllt, und dann kann deine Energie sich mit natürlicher Begeisterung ausdrücken und die Herzen anderer berühren.

Wenn du eine ungeheilte Vaterwunde hast, musst du vielleicht Selbstvertrauen entwickeln, indem du dich deinen Zielen in kleinen Schritten näherst. Kleine Erfolge führen zu größeren. Gleich alles zu wollen oder dich zu schnell vorwärtszubewegen, wird Selbstzerstörung zum Ergebnis haben und früheren Misserfolgen, gepaart mit der damit verbundenen Scham, noch Nahrung geben.

Dich selbst auf allen Ebenen ehren

Vier Komponenten müssen zusammenwirken, wenn du deinen Lebenszweck erfüllen willst:

1. Spirituell: Bringe deine Gaben zum Ausdruck und diene anderen *(Zweck)*
2. Geistig: Erkenne und wisse, was du erreichen willst *(Vision)*
3. Emotional: Verspüre einen starken Wunsch, es zu erreichen *(Leidenschaft)*
4. Materiell: Bringe Einsatz, sei geerdet, bediene dich einer geeigneten Strategie *(Verbindlichkeit)*

Zunächst einmal musst du wissen, worin deine Gabe besteht. Wundere dich nicht, wenn du keine Ahnung hast. Die meisten geben ihre Gaben in frühem Alter auf, um Mamas oder Papas Zustimmung zu bekommen. Mama und Papa möchten, dass wir sie stolz machen. Sie möchten, dass wir in ihre Fußstapfen treten. Möglicherweise wollen sie auch, dass wir ihre unerfüllten Sehnsüchte stillen und die Ziele erreichen, die sie selbst nie erreichen konnten. Sie haben ihre eigenen Vorstellungen von unserem Leben. So ist es auch bei unseren Lehrern und Mentoren.

Nur wenige ermutigen uns dazu, wir selbst zu sein und herauszufinden, was wir von Natur aus gerne tun und worin wir uns selbst übertreffen. Infolgedessen kann die kreative Blaupause für unsere Verkörperung unerkannt bleiben, die in unserem Kernselbst wohnt. Wir verbringen die ersten dreißig Jahres unseres Lebens wahrscheinlich mit dem Versuch, uns so darzustellen, wie Mama, Papa, der Lehrer, Pfarrer oder andere Mentoren das von uns verlangten. Wir nahmen unseren Marschbefehl entgegen und bewegten uns auf die Anerkennung zu, mit der sie vor unserem Gesicht herumwedelten.

Das Problem besteht darin, dass es ein Marsch des Selbstbetrugs war. Wir besuchten die juristische Fakultät und wurden Anwalt, weil es das war, was Papa wollte. Wir heirateten einen Arzt oder Zahnarzt, weil Mama das so für uns wünschte. Sie wollten, dass wir Sicherheit haben. Sie wollten dafür sorgen, dass wir abgesichert sind und die Rechnungen bezahlt werden. Vielleicht wollten sie auch andere gesellschaftlich erwünschte Erfolgssymbole für uns: ein teures Auto, ein schönes Zuhause, artige Kinder, einen guten Ruf in der Kirche und Gemeinde.

Wir sind ihrem Leitplan für unser Leben gefolgt. Wir dachten, es sei der, nach dem wir uns richten sollten. Wir haben das aber niemals überprüft. Dann stellt sich heraus, dass diese Annahme mit ziemlich hohen Kosten verbunden war. Dreißig oder vierzig Jahre später wachen wir vielleicht auf und fragen uns: »Was zum Teufel mache ich da eigentlich?« Das ist wohl Teil des Lernprozesses. Erst betrügst du dich selbst, damit du weißt, was du nicht machen sollst. Und dann lernst du aus deinen Fehlern und beginnst anzuerkennen, wer du bist.

Genau dazu gibt uns die Midlife-Krise Gelegenheit. Wir überdenken unser Leben und erschaffen es neu. So viel Selbstbetrug es in unserer Vergangenheit auch gegeben haben mag: Es ist nie zu spät, unsere innere Blaupause zu entdecken und damit anzufangen, sie zu ehren. Es ist keine Tragödie, dass wir spät zur Wahrheit finden. Aber es wäre eine Tragödie, wenn wir nie zu ihr gelangten.

Mentale/emotionale Blockaden

Da wir unsere Blaupause aufgegeben haben, brauchen wir eine Strategie, wie wir sie wiederentdecken können. Der erste Ort, an dem wir suchen müssen, liegt in unserem Bewusstsein. Wir haben viel zu lange die von außen gewiesene Richtung verfolgt. Jetzt ist es an der Zeit, nach innen zu schauen.

Es sind zwei grundlegende Maßnahmen, die du ergreifen solltest:

- Höre auf, das zu tun, was du nicht tun willst.
- Frage dich, was du gern tun willst, und fange damit an.

Das hört sich jetzt nicht nach einer sonderlich schwierigen Anwendungsformel an. Viele haben aber einen großen Widerstand bei diesen beiden Schritten. Sie glauben, dass sie gleichzeitig tun können, was sie hassen und was sie lieben. Das sieht weniger nach einem Risiko aus. Das Problem ist: Wenn sie dann mit dem fertig sind, was sie hassen, bleibt ihnen keine Energie mehr, das zu tun, was sie lieben.

Sie leben in einem ständigen Dilemma. Ihr Motto ist: »Ich möchte gern, aber ich kann nicht.« Die Wahrheit ist, dass sie »können«, aber nicht wirklich wollen. Sie sehnen sich nach der Veränderung nicht intensiv genug. Sie hassen ihren Selbstbetrug nicht genügend, um sich von ihm abzuwenden. Sie versuchen, nach dem Neuen zu greifen, während sie am Alten festhalten. Die Wahrheit ist aber, dass sie nicht wirklich etwas Neues ergreifen können, wenn sie im Alten verhaftet bleiben. Das funktioniert nicht.

Es ist absolut entscheidend, das Alte loszulassen, wenn wir uns auf unsere Kraft und unsere Bestimmung zubewegen. Wir müssen also unseren Widerstand ehrlich und klar erkennen.

Wir brauchen uns nicht fertigzumachen. Wir müssen einfach erkennen: »Hier habe ich einen großen Widerstand. Ich bin nicht reif für einen großen Schritt ... Vielleicht gibt es einen kleineren Schritt, den ich bewältigen kann.« Anstatt unseren Job zu kündigen, verringern wir die Stundenzahl und gönnen uns einen Tag oder zwei Vormittage in der Woche, um zu erforschen, was wir gerne tun. Das ist sowohl ehrlich als auch realistisch. Das erkennt unseren Widerstand an, ohne zuzulassen, dass er unseren Fortschritt ausbremst.

Der Schlüssel liegt darin, uns von diesem selbstzerstörerischen Szenario wegzubewegen und das falsche, uns selbst sabotierende Muster »Ich will, aber ich kann nicht« zu beenden.

Wie ich meinen Klienten und Schülern auch schon oft sagte: »Höre auf, mir zu erzählen, was du *nicht* tun kannst, und sage mir stattdessen, was du *tun kannst.*«

Es ist für mich nicht von Belang, was du nicht tun kannst. Und für dich selbst ist es das im Grunde genommen auch nicht. Das ist kein aufbauender Gedanke. Das ist die Opfersprache. Erinnere dich: In Phase drei gibt es keine Opfer, sei also auch keines. In Phase drei gibt es nur Schöpfer. Sei der Schöpfer deines Lebens!

Du musst nicht auftrumpfen und große, schwungvolle Schritte machen. Kleine Schritte sind prima. Sie sind in mancherlei Hinsicht vorzuziehen, weil sie die Grundlage für die großen Schritte schaffen. Sie bereiten das Fundament, auf dem du bauen wirst, wenn du dazu bereit bist.

Mit deinem wahren Wunsch in Verbindung kommen

Viele sagen: »Ich möchte dieses oder jenes tun«, aber sie machen sich und anderen nur etwas vor.

Ihr glaubt nicht, wie viele Menschen schon zu mir gesagt haben: »Ich möchte ein Buch schreiben.« Ich sage dann immer: »Gute Idee!« Wenn wir uns dann aber nach sechs Monaten oder einem Jahr wiedersehen und ich sie frage: »Wie steht's mit dem Buch?«, schauen sie mich an, als käme ich von einem anderen Planeten. »Was für ein Buch?« – »Na, das Buch, von dem du vor sechs Monaten sagtest, du würdest es schreiben«, erinnere ich sie. »Oh«, sagen sie dann und gehen dazu über, mir all die Gründe zu nennen, warum sie es nicht schreiben konnten. »Spar dir die Worte«, möchte ich dann sagen. »Du wirst sie vielleicht für etwas brauchen, das du wirklich tun willst.«

Unter dem Strich bedeutet das, dass du nur tun wirst, was du auch wirklich tun willst. Ein Buch schreiben ist nicht wirklich etwas, das du tun willst, sonst würdest du es machen. Niemand muss einem Schriftsteller sagen, wann oder wie er schreiben soll, oder einem Maler, wann oder wie er malen soll. Niemand muss einen Musiker dazu motivieren, zu üben, oder einen Schwimmer dazu, seine Bahnen zu schwimmen. Sie alle tun, was sie tun möchten. Die Motivation kommt von innen.

Wenn du natürlich die ersten dreißig Jahre deines Lebens damit verbringst, zu tun, was andere von dir wollen, kann es schon sein, dass es dir ein wenig schwerfällt, in Verbindung mit dem zu kommen, was du tun möchtest. Du hast nicht viel Übung darin, dich auf deine Wünsche einzustimmen. Das ist eine Fähigkeit, die du erst erwerben musst.

Sei also ehrlich. Versuche nicht, deinem Freund, der Marathon läuft, zu erzählen, dass du für einen Fünf-Kilometer-Lauf trainierst, wenn du in den letzten zwanzig Jahren keinen einzigen Tag trainiert hast. Erzähle anderen nicht, was sie hören möchten. Sag ihnen die Wahrheit. Sag ihnen: »Ich habe keine Ahnung, was ich machen will. Ich habe mein Leben lang auf andere gehört. Ich bin ein Neuling auf diesem Gebiet.«

Du kannst die Reise zu deiner Ermächtigung nicht damit beginnen, dich selbst oder andere zu belügen. Du musst ehrlich sein. Und du musst dir die Zeit nehmen, um dich emotional mit dir selbst zu verbinden. Du musst dich so lange fragen: »Was will ich?«, oder: »Was fühlt sich gut für mich an?«, bis die Antwort kommt.

Sei bitte nicht ungeduldig bzw. setze dich nicht unter Druck. Das verlangsamt den Prozess nur. Nimm dir die Zeit und den Raum, den du brauchst, um mit deinem wahren Wunsch in Verbindung zu kommen. Erst wenn du weißt, was du wirklich willst, bist du bereit weiterzugehen. Bis zu diesem Punkt »richte keinen Schaden an«. Gib den Selbstbetrug auf.

Es ist eine simple Wahrheit, dass inneres Engagement und Verbindlichkeit Hand in Hand gehen. Du kannst dich deinem Herzenswunsch verpflichten. Du kannst Tag für Tag dafür einstehen. Du kannst tun, was getan werden muss. Du kannst Hindernisse überwinden. Du kannst dich wieder aufrichten, wenn du gefallen bist, weil du dich auf ein Ziel zubewegst, das dir wirklich wichtig ist.

Dazu bist du nicht in der Lage, wenn dir etwas nicht am Herzen liegt ist. Dann kannst du nur wie ein Zombie herumlaufen und die Bewegungen automatisch abspulen.

Viele Menschen leben ihr Leben auf diese Weise. Aber nicht du. Für dich sind diese Tage vorbei.

Mit dem Vater heilen

Vaterwunden halten uns davon ab, das zu tun, was wir lieben. Wir haben weder das Selbstvertrauen noch den Glauben an uns selbst, noch die nötige Vorbereitung, um Erfolg zu haben. Wir wissen nicht, was unsere Gaben sind – und wenn doch, dann vertrauen wir nicht auf sie. Wir wissen nicht, wie wir Einsatz zeigen und es auf die Reihe kriegen können.

Wenn dir die Vater-Energie nicht vorgelebt wurde, fällt es dir häufig schwer, Risiken einzugehen. Oder du nimmst im Gegenteil unsinnige Risiken auf dich. Du musst lernen, dich in kleinen Schritten auf deine Ziele zuzubewegen. Du musst am Boden bleiben und einen Fuß vor den anderen setzen.

Menschen mit Vaterwunden lehnen die Vorbereitungsphase oft ab und versuchen, Schritte zu überspringen. Sie lernen aber nicht aus ihren Fehlern. Sie fahren fort, nach den Sternen zu greifen, und stürzen dann hart auf den Boden und brechen sich alle Knochen. Sie sind oft süchtig nach Geschwindigkeit. Sie erledigen Dinge schnell, aber nicht wirklich gut. Sie tragen die Teilpersönlichkeit des *Hasen* oder des *Geschwindigkeits-Dämons* in sich. Ihre pausenlose Aktivität ist von Angst und Unsicherheit getrieben. Sie sind ungeduldig und ungenügend vorbereitet.

Von ihrer schlechten Seite zeigen sich außerdem der *Scharlatan,* der weiß, wie man etwas vortäuscht, aber nicht, wie man es tatsächlich macht, der *geschickte Betrüger,* der weiß, wie man etwas verkauft, aber nicht, wie man liefert, der *Dampfplauderer,* der große Reden schwingt, sie aber nicht hält, und der *Frosch,* der die notwendigen Schritte überspringt.

Andererseits gibt es auch Menschen mit Vaterwunden, die nicht vor die Haustür gehen. Sie sind einfach verletzt. Sie vertrauen nicht auf ihre Gaben oder bringen sie nicht zum Ausdruck, weil sie Angst vor Ablehnung haben. Sie bleiben in ihrem Schneckenhaus und verstecken sich. Oft bereiten sie sich zu ausgiebig vor und verrennen sich in Details. Sie machen alles viel schwieriger und komplizierter, als es ist. Ihr Glaubenssatz lautet: »Ich bin noch nicht bereit, es zu tun.« Zu dieser Gruppe gehören der *Zauderer,* der *Träumer,* der *Berufsstudent* und der *Perfektionist.* Sie bestehen darauf, mehr Zeit zu brauchen, um sich weitere Fähigkeiten anzueignen und genügend Praxis zu bekommen. Das trifft selbst dann noch zu, wenn sie bereits sechs Doktortitel haben. Sie haben zu wenig Antrieb und sind übermäßig vorbereitet.

Der *Workaholic,* der *Märtyrer,* der *Sklave,* der *Retter* oder der *Guru* glauben andererseits: »Ich muss es tun. Wenn ich es nicht tun würde, wäre kein anderer da, der es tun könnte.« Sie glauben, hier zu sein, um ihre eigenen Bedürfnisse zu opfern, damit die Bedürfnisse anderer gestillt werden können. Sie sind hier, um ihre Pflicht zu erfüllen, zu dienen, andere zu retten oder zu erlösen. Sie sind nicht da, um ihre Arbeit zu genießen oder Spaß an ihr zu haben.

Wenn du irgendeine dieser Teilpersönlichkeiten entwickelt hast, hast du deine wahren Talente und Gaben ignoriert und deine Macht abgegeben. Du hast dich ein Leben lang darauf vorbereitet, etwas zu tun, das du gar nicht tun willst, etwas zu tun, das du hasst, oder deine Freude und Erfüllung zu opfern, um anderen zu gefallen oder ihren Erwartungen zu entsprechen.

All das ist geschehen, weil Papa unfähig war, für dich da zu sein, oder weil er auf ungesunde Weise für dich da war. Er war entweder physisch oder emotional abwesend in deinem Leben oder er saß dir im Nacken und schrieb dir vor, was du wie zu tun hast. Wenn Papa der Kritiker war, kann es sein, dass du seine Meinung über dich verinnerlicht hast. Und es ist gut möglich, dass er seine Verletzung auf dich übertragen hat.

Oft ist es nötig, dir etwas Zeit zu nehmen, mit deinem Vater zu heilen, damit du in deine Kraft kommen und lernen kannst, deine Talente und Gaben zum Ausdruck zu bringen. Sei nicht überrascht, falls sich dir eine Gelegenheit bietet, dich gegen Papa durchzusetzen, wenn du an diesem Schritt arbeitest. Das geht vielen so.

Natürliche und auf Erfahrung beruhende Gaben

Natürliche Gaben sind die Geschenke, die dir in die Wiege gelegt sind, um sie in diesem Leben zu nähren, zu entwickeln und letztendlich zum Ausdruck zu bringen. Das können kreative, emotionale, intellektuelle oder physische Talente sein.

Wir alle kennen Menschen, die begabte Sänger, Tänzer, Maler, Schriftsteller oder Entertainer sind. Sie tun anderen Gutes, indem sie ihre Gaben mit ihnen teilen. Wir kennen auch große Lehrer, Rechtsanwälte, Ärzte oder Geschäftsleute, die einen herausragenden Intellekt haben. Wir sind Therapeuten begegnet, Krankenschwestern und diversen Pflegekräften, die andere mit ihren emotionalen Gaben unterstützen und heilen. Und wir kennen große Athleten, die uns mit ihren physischen Gaben in Erstaunen versetzen und unterhalten.

Es kann sein, dass du mehr als eines dieser Talente hast. Es kann auch sein, dass du übernatürliche Gaben besitzt wie das Hellsehen oder das Hellhören oder spirituelle Gaben wie innere Weisheit oder eine Verbindung zu Heilungsenergien.

Wenn du Glück hast, hattest du die Möglichkeit, dich schon in jungen Jahren auf deine Gaben einzustimmen und damit anzufangen, sie mithilfe deiner Eltern zu nähren. Solltest du weniger Glück gehabt haben, kann es sein, dass deine Eltern deine Gaben ignoriert oder dich in eine andere Richtung gedrängt haben. Vielleicht haben deine Eltern aber auch viel Druck auf dich ausgeübt, um deine Gaben zu entwickeln, sodass du dich von deinem Talent abgewandt hast.

Hoffentlich hast du begonnen, heil zu werden, welche Verletzungen du auch immer abbekommen haben magst, und kannst dir deine Gaben wieder zurückerobern. Dann wird es dir leichter fallen, deinen Gaben Wert beizumessen, jede Art von Geldproblem zu heilen und in Verbindung mit dem natürlichen Fluss der Fülle in deinem Leben zu kommen.

Außer den Gaben, mit denen du geboren wurdest, hast du auch erworbene Talente, die du in diesem Leben dadurch entwickelt hast, dass du dich Herausforderungen und Schwierigkeiten gestellt hast. Indem du deine Lektionen lernst und deine Wunden heilst, bringst du neue Gaben mit, die dir helfen können, deine natürlichen Gaben zum Ausdruck zu bringen. Tatsächlich ist es die Mischung deiner natürlichen und deiner erworbenen Gaben, die es dir ermöglicht, dort zu sein, wo du gebraucht wirst, und deine wahre kreative Bestimmung zu verwirklichen.

Schritt neun fordert dich auf, eine bewusste Anstrengung zu unternehmen, das zu tun, was du liebst, und für Gelegenheiten offen zu sein, in denen du deine Gaben zum Ausdruck bringen kannst – wann immer sich diese Chancen bieten. Wenn du deine Gaben nicht genährt hast, fange an, sie durch Studium, Training, Ausbildung oder ehrenamtliche Tätigkeiten zu entwickeln, damit du dir die Fähigkeiten und die Erfahrung aneignen kannst, die für den Erfolg notwendig sind. Sorge dafür, dir realistische, erreichbare Ziele zu setzen, und lerne, sie in kleinen Schritten umzusetzen.

Hab Geduld und sei engagiert. Lerne, Einsatz zu zeigen, auch wenn es schwierig ist. Und lass von deinem Perfektionismus ab. Er ist ein Haupthindernis auf dem Weg zum Selbstausdruck.

Sei bereit, Risiken einzugehen und Widerstände zu überwinden. Du kannst nicht in deiner Komfortzone bleiben, sonst wirst du nicht wachsen und in deine Kraft gelangen. Sage Ja zu neuen Gelegenheiten. Geh durch offene Türen. Erlaube der Angst oder der gewohnten Lähmung nicht, dich zurückzuhalten. Sieh Hindernisse als Herausforderung anstatt als Dämpfer. Akzeptiere das Ergebnis und lerne aus deinen Fehlern. Gib nicht auf. Glaube an dich und gehe weiter voran.

Wichtige Fragen an dich

- Weiß ich, welche Gaben ich besitze? Wenn ja, welche sind das?
- Wonach sehne ich mich? Was macht mir Freude? Was ist mir wichtig? Wofür kann ich mich verbindlich einsetzen?
- Wurde ich von meinen Eltern, Geschwistern oder Lehrern darin unterstützt, meine Gaben zum Ausdruck zu bringen?

- Wurde ich von Eltern /Lehrern/Geschwistern in eine andere Richtung gedrängt oder setzten sie mich unter Leistungsdruck?
- Welche Vaterwunden habe ich, die es mir schwermachen, Erfüllung in meiner Arbeit und meinem Berufsleben zu finden?
- Habe ich das Muster, mir unrealistische Ziele zu setzen, zu viel zu wollen und dann zu versagen?
- Habe ich das Muster, Dinge aufzuschieben, mich in Ausreden zu flüchten und keine Risiken einzugehen?
- Inwieweit hat das mit meiner Vaterwunde zu tun?
- Bietet sich momentan eine Möglichkeit, einen Aspekt meiner Vaterwunde zu heilen?
- Habe ich Geldprobleme? Fällt es mir schwer, meine Gaben wertzuschätzen?
- Welche sind meine erworbenen Gaben und wie habe ich sie in meine natürlichen Gaben einbezogen?
- Wo habe ich in meinem Leben am meisten versagt? Was habe ich daraus gelernt?
- Was ist der größte Erfolg in meinem Leben?
- Habe ich die nötigen Fähigkeiten, um meine Leidenschaft und meine Vision in die Tat umzusetzen? Falls nicht: Wie kann ich sie erwerben?
- Wie kann ich meine Gaben einsetzen, um anderen Menschen mit ähnlichen Verletzungen/Glaubensmustern zu dienen, wie ich sie habe?
- Wie sollte mein Berufsleben in fünf Jahren aussehen? Was würde mir gefallen?
- Welche Schritte kann ich jetzt unternehmen, um Vertrauen in meine Gaben zu entwickeln und in meine Kraft und Bestimmung zu gelangen?

SCHRITT

10

Pflege positive, gleichberechtigte Beziehungen

ZIEL

Erlebe Gleichwertigkeit und Innigkeit im Umgang mit anderen

Strategie

Gestehe dir deine Trigger ein.
Übe dich in Vergebung.

In einer ermächtigten Beziehung sind die Menschen einander gleichgestellt. Jeder trägt seine eigene Last und übernimmt Verantwortung dafür, sich selbst zu lieben und für sich zu sorgen. Keiner rettet den anderen oder versucht, ihn in Ordnung zu bringen, für ihn zu entscheiden oder ihn zu kontrollieren.

Wenn du in Phase drei dieses Transformationsprozesses gelangst, lässt du wechselseitig abhängige Beziehungen hinter dir, in der beide ihre Macht abgeben, und baust positive Beziehungen auf, die auf Gleichwertigkeit und gegenseitigem Vertrauen beruhen.

Du trittst nicht mehr als Täter oder Opfer auf. Du hast die Kette des Missbrauchs und die Muster des Selbstbetrugs in deinem Leben im Großen und Ganzen durchbrochen.

Das bedeutet, dass du nicht länger dafür lebst, jemand anderen zufriedenzustellen, zu umsorgen oder zu kontrollieren, noch lebst du dafür, von jemandem umsorgt, kontrolliert oder dominiert zu werden.

Du akzeptierst niemandes Macht über dich, noch beanspruchst du für dich, Macht über andere auszuüben.

Du verstehst, was gute Grenzen sind, und übst dich in deinen Beziehungen darin, sie zu ziehen.

Du weißt, was in deine Verantwortung fällt und was nicht – und was in die Verantwortung anderer fällt und was nicht.

Du nutzt den Schnellkurs im Grenzensetzen als ständige Übung, indem du Verantwortung für das übernimmst, was du denkst, fühlst, sagst und tust, und anderen erlaubst, ihrerseits Verantwortung für ihre Gedanken, Gefühle, Worte und Handlungen zu übernehmen.

(Siehe dazu auch mein Buch »Die Schlüssel zum Königreich« und andere spirituelle Übungen, die dir und deiner Partnerschaft helfen, auf Kurs zu bleiben.)

Das soll freilich nicht heißen, dass du das perfekt beherrschst. Das ist nicht der Fall. Denn du machst Fehler, und dein Partner tut das auch. Aber ihr habt euch verpflichtet, euch eure Fehler einzugestehen und aus ihnen zu lernen.

Das heißt, dass du nicht immer recht haben oder deinem Partner ständig die Schuld zuschieben musst. Du weißt, dass du manches klarer siehst als dein Partner, und manchmal hat sie/er mehr Klarheit als du.

Du wetteiferst nicht darum, »besser« zu sein, und stimmst der Ansicht nicht zu, »weniger zu sein«.

Wenn Minderwertigkeitsgefühle bei euch beiden aufkommen, dann glaubt ihr ihnen nicht. Ihr erkennt, dass solche Gefühle euch etwas zeigen, das akzeptiert, vergeben und geheilt werden will. Ihr erkennt, dass das kleine Mädchen oder der kleine Junge in euch sich nicht geliebt fühlt, und ihr lernt, ihm Liebe entgegenzubringen, wenn es/er sie braucht.

Du verstehst, dass deine Verantwortung Nummer eins darin besteht, dich zu lieben und zu achten, und nicht in dem Versuch, deinem Partner die Verantwortung dafür zuzuschieben, dich zu lieben und glücklich zu machen.

Du verstehst, dass Glück von innen kommt. Es entsteht durch die Entwicklung einer liebevollen Beziehung zu dir selbst, und das ist ein fortwährender Prozess in deinem Leben. Jeden Tag lernst du, liebevoller und mitfühlender für dich selbst einzustehen.

Auch wenn du deinen Partner liebst und wertschätzt, verstehst du, dass dein Partner die Verantwortung dafür übernehmen muss, sich selbst zu lieben und zu achten. Du kannst die Verantwortung dafür nicht übernehmen, ohne in eine wechselseitige Abhängigkeit zu geraten und die Beziehung zu sabotieren.

So lernst du, Abstand zu nehmen und deinem Partner die Zeit und den Raum zu geben, an allen Selbstwert-Themen zu arbeiten, die hochkommen. Du weißt, dass die Verantwortung dafür, der Überbringer der Liebe für seine/ihre eigene Erfahrung zu sein, bei deinem Partner liegt.

Trotz alledem gibt es Momente, in denen ihr die Grenzen des anderen überschreiten werdet. Ihr projiziert eure Angst und Scham. Ihr versucht, dem anderen die Schuld zu geben. Es ist immer schmerzlich, wenn das passiert. Überdies kann das Vertrauen zwischen euch unterwandert werden, sofern es euch nicht gelingt, einander zu vergeben und die Scharte auszuwetzen.

Eure größte Verpflichtung ist und muss auch weiterhin sein, dass ihr eurem Partner und euch selbst eure wechselseitigen Grenzüberschreitungen vergebt.

Um ihr nachzukommen, müsst ihr einen Weg finden, die Schreie eures kleinen Kindes oder des Inneren Kindes eures Partners mit Mitgefühl wahrzunehmen. Ihr müsst den Schmerz des Kindes spüren und daran arbeiten, ihn zu lindern, und ihr müsst den Raum für Heilung und Akzeptanz halten.

Deine Fähigkeit, für das kleine Kind deines Partner da zu sein, beruht auf deiner Fähigkeit, für dein eigenes Inneres Kind da sein zu können. So lernst du, dir die Zeit zu nehmen, die dein Kind braucht, um sich von dir angenommen und geliebt zu fühlen, sodass dein kleines Kind dem kleinen Kind deines Partners nicht eifersüchtig und konkurrierend gegenübertritt.

Du verstehst, dass zwei verletzte kleine Kinder einander nicht lieben können. Hier wird ein liebender Erwachsener gebraucht. Manchmal wirst du derjenige sein, der liebevoll für den anderen den Raum der Liebe und Akzeptanz hält, wenn dein Partner getriggert wird. Manchmal wird dein Partner den Raum für dich halten.

Die Straße muss in beide Richtungen führen. Ihr müsst beide lernen, die Rolle des Friedensstifters zu übernehmen. Sonst werden die

Trigger eskalieren, und keiner von beiden wird sich in der Beziehung sicher fühlen.

Zwei Formen ermächtigter Beziehungen

Es gibt zwei Formen ermächtigter Beziehungen: Die eine lässt sich beschreiben mit »Eigenständig, aber ebenbürtig«, die andere mit »Geteilte Nähe«.

Bei der ersten Beziehungsform brauchen die Partner viel eigenen Raum. Häufig leben sie nicht zusammen. Oder falls doch, ziehen sie klare Grenzen, die einen erkennbaren persönlichen Raum für jeden schaffen.

Bei der zweiten Beziehungsform nimmt man sich viel Zeit für Gemeinsamkeit und Nähe. Die Menschen leben zusammen, verreisen gemeinsam und teilen die meisten Aspekte ihres Lebens miteinander.

Die Gefahr bei der ersten Beziehungsform liegt in einem Mangel an Nähe und Zusammenhalt. Möglicherweise fühlen sich die Menschen ihrem Partner fern und nicht von ihm unterstützt.

Die Gefahr der zweiten Beziehungsform besteht darin, dass sie in Selbstzufriedenheit und Gewohnheit münden kann. Die Partner sehen einander mit der Zeit möglicherweise als selbstverständlich an, was dazu führen kann, dass die Energie zwischen ihnen schal wird.

Das Gegenmittel im ersten Fall ist gemeinsame Zeit.

Das Gegenmittel im zweiten Fall ist getrennt verbrachte Zeit.

Manche Beziehungen blühen auf, wenn die Partner viel Zeit miteinander verbringen und viele gemeinsame Interessen haben. Andere blühen auf, wenn jeder viel Zeit hat, um sein eigenes Ding zu machen. Es ist hilfreich, wenn du weißt, welche Beziehungsform für dich die richtige ist.

Um Nähe und Interesse aneinander aufrechtzuerhalten, müssen die Partner eine Balance finden zwischen Zeiten, in denen sie alleine, und Zeiten, in denen sie zusammen sind. Jeder muss sich vom anderen unterstützt fühlen, Interessen nachzugehen, die der andere nicht teilt. Andererseits muss es vereinbarte Zeiträume geben, die ganz dem Zusammensein und dem gemeinsamen Gespräch gehören.

Jedes Paar muss diese Dynamik für sich austüfteln. Manchmal passen die Menschen hinsichtlich der Beziehungsform, die sie brauchen, nicht zusammen. Wenn der eine viel Nähe braucht, der andere aber davor Angst hat und viel Zeit für sich alleine beansprucht, werden beider Bedürfnisse nicht gestillt werden. Für einen langfristigen Erfolg ist es hilfreich, mit einem Partner zusammen zu sein, der deine Vorstellungen davon, wie viel Nähe oder Zeit du für dich alleine brauchst, im Großen und Ganzen teilt.

Diejenigen, die ihre Selbstständigkeit schon früh entwickelt haben, werden womöglich nicht sonderlich viel Zeit benötigen, die sie ohne ihren Partner verbringen. Sie freuen sich darüber, sich mit dem anderen zu beschäftigen, um einen gemeinsamen Raum und ein »Wir-Bewusstsein« zu erzeugen. Das vertieft die Hingabe beider an Nähe und Liebe.

Dennoch: Wenn einer oder beide Partner Zeit für die individuelle Entwicklung brauchen, kann eine Beziehung nach dem Grundsatz »Eigenständig, aber ebenbürtig« sie in ihrem persönlichen Wachstum unterstützen. Eine solche Beziehung kann der Entscheidung für eine bestimmte Lebensform entsprechen oder ein Schritt sein auf dem Weg zu größerer Nähe miteinander oder mit künftigen Lebensgefährten.

Über Romantik hinaus zur Vereinigung auf der Ebene aller Chakras

Eine gelungene Partnerschaft ist geerdet und realistisch. Sie verlangt weder zu viel noch zu wenig vom Einzelnen. Beide Partner haben das romantische Ideal aufgegeben, akzeptieren den anderen, wie er ist, und stehen beständig zu ihm. Darüber hinaus sind beide bereit, die Herausforderungen, die die Beziehung mit sich bringt, zu akzeptieren und daran zu arbeiten. Es gibt eine konstante Verbindlichkeit von beiden Seiten.

Damit eine Partnerschaft vollständig ist, muss es eine tragfähige Leidenschaft in der Beziehung geben. Beide müssen sich zueinander hingezogen fühlen und die Gesellschaft des anderen wünschen. Alle Chakras müssen daran beteiligt sein.

Voll-Chakra-Beziehungen beinhalten eine Verbindung und einen positiven Energieaustausch in allen hier aufgeführten Bereichen:

- Spirituelle Verbindung: Ihr teilt und/oder respektiert/unterstützt den einzigartigen Heilungsweg des anderen und seine Verbindung zum Göttlichen vollständig.
- Geistige Verbindung: Ihr teilt und/oder respektiert/unterstützt die Interessen, Werte und Gaben des kreativen Selbstausdrucks beim jeweils anderen vollständig. Ihr seid in der Lage, ehrlich und respektvoll zu kommunizieren.
- Emotionale Verbindung: Ihr vertraut einander. Ihr fühlt euch vom anderen akzeptiert, gehört und unterstützt. Eure Herzen sind offen füreinander. Ihr seid dankbar füreinander und schätzt, was ihr miteinander teilt.
- Physische Verbindung: Ihr fühlt euch zueinander hingezogen und seid auf eine Art zärtlich miteinander, die sich für euch beide gut

anfühlt. Ihr fühlt euch sicher und geborgen im Zusammenleben. Eure sexuelle Beziehung ist für beide stimmig.

Vielleicht hilft es dir weiter, deine derzeitige Beziehung einzuschätzen, indem du jeden der oben genannten Bereiche auf einer Skala von 1 bis 10 benotest.

Vergib eine 1 für den niedrigsten Grad an Verbindung – und eine 10 für den höchsten. Addiere abschließend alle Punkte. Die höchste Punktzahl, die deine Partnerschaft erreichen könnte, wäre eine 40, die niedrigste eine 4.

Wenn du mutig bist, frage deinen Partner, ob er die Beziehung ebenfalls bewerten mag, und vergleiche seine Gesamtpunktzahl mit deiner.

Wenn ihr beide eure Beziehung zwischen 30 und 40 bewertet, habt ihr Glück und seid gesegnet, einander auf eurer Reise zu unterstützen, um zu erwachen, zu heilen und in eure Kraft und eure Bestimmung zu gelangen.

Wenn ihr eure Beziehung zwischen 25 und 35 einschätzt, ist es immer noch wahrscheinlich, dass die Verbindung einen Gewinn und eine Unterstützung für beide darstellt, vorausgesetzt, ihr verpflichtet euch dazu, zusammenzuarbeiten, um mehr Nähe, Kommunikation und gegenseitigen Respekt zu erreichen.

Wenn ihr aber eure Beziehung mit 15 bis 20 bewertet habt, ist es wahrscheinlich an der Zeit, dass dein Partner und du euch zusammensetzt und eine Aussprache von Herz zu Herz führt. Ihr müsst erforschen, ob ihr eine gemeinsame Vision habt und beide ganz zu der Beziehung steht. Ihr müsst beide beginnen, euch die Frage zu stellen: »Ist diese Beziehung ein Medium, durch das ich mich ehren und mein Wahres Selbst ausdrücken kann, oder beschränkt sie mich in meinem authentischen Selbstausdruck?«

Dieses Gespräch ist für die meisten Paare notwendig, die seit zwanzig oder dreißig Jahren zusammen sind. Ihr habt wahrscheinlich die gemeinsame Erziehungsphase für eure Kinder mit den entsprechenden Aufgaben hinter euch. Das bedeutet allerdings nicht zwingend, dass ihr weitere zwanzig oder dreißig Jahre miteinander verbringen möchtet.

Dein Partner und du werdet feststellen müssen, ob das Zusammenbleiben euch beiden ermöglicht, zu wachsen und in eure Kraft zu kommen, oder ob es eure Selbstbetrugsmuster noch verstärkt.

Wenn du deine Beziehung unter 15 bewertet hast, ist es ziemlich klar, dass du dich in deinem Heilungs- und Wachstumsprozess nicht unterstützt fühlst. Du wirst dich mit der Möglichkeit auseinandersetzen müssen, dass die Beendigung eurer Beziehung ein wichtiger Teil bei der Loslösung von den Mustern des Selbstbetrugs ist. Wenn das auf dich zutrifft, trifft es wahrscheinlich auch auf deinen Partner zu.

Welche Entscheidung du auch treffen magst, mache dir bewusst, dass eine Beziehung nicht »repariert« oder transformiert werden kann, wenn nicht beide bereit sind, die Dinge anders zu gestalten. Alte Muster sind oft fest verwurzelt, und neue können nicht ohne Weiteres aufgebaut werden. Das Wahre Selbst kann nicht geboren werden, solange das Falsche Selbst nicht losgelassen wird. Gesunde Beziehungen können nicht entstehen, solange wechselseitig abhängige Beziehungen nicht zerfallen.

Nur die engagiertesten und mutigsten Paare können den Tod ihrer ungesunden Beziehungen einleiten und dann ihre Beziehung auf eine gesunde Weise neu entstehen lassen. Wenn der Wunsch auf beiden Seiten vorhanden und stark genug ist, ist allerdings nichts unmöglich.

Warnsignale

Es gibt immer die Möglichkeit, dass du und dein Partner zusammenkommen, um eine gleichberechtigte, gegenseitig ermächtigte Beziehung aufzubauen, aber schließlich herausfindet, dass ihr einander in höchstem Maße triggert. Anstatt die Krönung deines Lebens zu sein, wird die Beziehung zur größten Lektion, die euch beiden je beschert wurde. Wenn das der Fall ist, fühle dich nicht wie ein Versager. Hol dir einfach Hilfe. Alte Muster des Selbstbetrugs und die dahinterliegenden Verletzungen kommen manchmal mit aller Macht hoch, selbst wenn du schon einen Großteil der Heilungsarbeit gemacht hast.

Im Folgenden nenne ich einige Warnzeichen, derer du dir bewusst sein solltest. Sie weisen darauf hin, dass die Beziehung aus den Fugen geraten ist und sogar ungesund sein könnte.

- Ihr beschuldigt einander und greift euch oft an.
- Ihr gebt eure Macht/Verantwortung an den anderen ab.
- Ihr müsst euren Partner kontrollieren oder für ihn/sie Entscheidungen treffen.
- Die Beziehung verstärkt Muster emotionalen, physischen oder sexuellen Missbrauchs.
- Ihr könnt eurem Partner gegenüber keine gesunden Grenzen setzen.
- Ihr fühlt euch verantwortlich für den Mangel an Liebe oder den Liebesschmerz bei eurem Partner.
- Ihr könnt eurem Inneren Kind oder dem eures Partners keine Liebe entgegenbringen.

Wenn eines oder mehrere dieser Warnsignale in deiner Beziehung vorliegen, kann es an der Zeit sein, sich Unterstützung bei einem erfahrenen Eheberater oder Paartherapeuten zu holen. Es wäre auch gut, wenn du beginnst, mindestens zwei- oder dreimal pro Woche den

Affinity-Prozess mit deinem Partner zu praktizieren (siehe dazu meine Bücher »Im Herzen leben« und »Die Schlüssel zum Königreich«).

Wenn du in einer ungesunden Beziehung bist, liegt es in deiner eigenen Verantwortung, deinem Partner gegenüber klare Grenzen zu setzen oder aus der Beziehung auszusteigen. Kein anderer kann diese Verantwortung für dich übernehmen. Zögere jedoch nicht, Hilfe in Anspruch zu nehmen, wenn du welche brauchst.

Bevor du eine Entscheidung triffst, ob du in einer Beziehung bleibst oder sie hinter dir lässt, mache dir bitte über folgende Vorschläge Gedanken:

- Praktiziert den *Affinity*-Prozess, damit jeder von euch Gehör findet.
- Holt euch therapeutische Hilfe (Ehe-/Partnerschaftsberatung) bei einem erfahrenen Therapeuten.
- Wenn du eine wechselseitig abhängige Beziehung hinter dir lässt, versuche die Muster des Selbstbetrugs/der Opferhaltung, die dich in diese Beziehung gebracht haben, zu verstehen und sie zu heilen.
- Bleibe nicht in der Beziehung und leide.
- Verlasse die Beziehung nicht mit Wut und Vorwürfen.
- Behandle deinen Partner mit Respekt, Freundlichkeit und Mitgefühl.
- Übernimm Verantwortung für die Entscheidung, die du triffst.
- Versuche nicht, Verantwortung für die Entscheidung zu übernehmen, die dein Partner trifft.
- Vermeide es, deinem Partner künstlich Schuld zuzuschieben oder dir selber zuweisen zu lassen.
- Übe dich in Vergebung dir selbst und deinem Partner gegenüber.

Dich mit deinem Partner in Vergebung üben

Vergebung ist der größte Transformationsprozess, in den du und dein Partner eintretet.

Übt euch täglich darin. Lernt, Übertretungen zu vergeben, und übernehmt Verantwortung dafür, sie zu korrigieren. Tut das mit Ernst und Konstanz, sonst wird eure Beziehung beim ersten Sturm Schiffbruch erleiden.

Wenn ihr euch in Vergebung übt, haltet euch selbst und euren Partner behutsam. Lernt, flexibel und nachgiebig zu sein. Gesteht eure Fehler ein und entschuldigt euch für sie. Erkennt, dass ihr nicht recht haben müsst, um glücklich zu sein. Versteht, dass ihr nicht recht haben und doch geliebt werden könnt, ebenso wie euer Partner.

Verlasse eine Partnerschaft, in der Beziehungsarbeit ansteht, nicht vorschnell, es sei denn, es liegt Missbrauch vor.

Nimm dir die Zeit, dir deine Fehler einzugestehen und damit anzufangen, deinem Partner die Veränderung vorzuleben, die du von ihm forderst.

Mach dir klar, dass keiner perfekt ist. Weder du noch dein Partner. Nagelt euch nicht gegenseitig ans Kreuz. Verstehe, dass jeder das Beste gibt, das er aus seinem gegenwärtigen Bewusstsein heraus geben kann. Wenn du aus deinen Fehlern lernst, steigerst du den Grad deiner Bewusstheit, und die Wahrscheinlichkeit, dass du den gleichen Fehler noch einmal machst, wird geringer.

Wahre Vergebung setzt die Erkenntnis voraus, dass du die Vergangenheit nicht verändern kannst. Du kannst aber ein anderes Ergebnis für die Zukunft gestalten. Verschwende also deine Zeit nicht mit Scham und Schuldzuweisung. Frage stattdessen: »Wie können wir dafür sorgen, dass es in Zukunft besser funktioniert?«

Das *Gelassenheitsgebet* hilft dir, dich in Vergebung zu üben. Es ist ein wunderbares Werkzeug und du tätest gut daran, es täglich anzuwenden.

Übernimm jeden Tag und den ganzen Tag lang Verantwortung für das, was du denkst, fühlst, sagst und tust, und bitte deinen Partner, das Gleiche zu tun.

Wenn du getriggert wirst, reagiere nicht auf den anderen. Blicke nach innen und schau dir an, welche versteckte Verletzung oder welche Überzeugung zum Vorschein kommt, um geheilt zu werden. Nutze deine Beziehung als Spiegel, um das Verständnis deiner selbst zu vertiefen. Wenn dein Partner etwas auf dich projiziert, vergib ihm seine Überschreitung. Wenn du etwas auf deinen Partner projizierst, bitte um Vergebung.

Wenn dein Partner dich triggert, bitte mindestens zweimal pro Woche um einen *Affinity*-Raum, um mit ihm zu teilen, was bei dir hochkommt. Befolgt dabei den *Affinity*-Leitfaden und sorgt dafür, dass ihr euch euren Teil eingesteht.

Macht »Ich«-Aussagen, keine »Du«-Aussagen. Beschuldigt euren Partner nicht und macht ihn nicht verantwortlich dafür, wie ihr euch fühlt. Lasst es um euch selbst gehen. Lasst euren Partner wissen, welche Verletzung in euch getriggert wurde und welche falsche Überzeugung über euch selbst jetzt angeschaut werden möchte.

Stellt klar, dass kein Feedback erforderlich ist. Bemüht euch einfach nur darum, dass euer Partner auf liebevolle und mitfühlende Weise Zeuge eurer Mitteilung ist. Bietet eurem Partner den gleichen Raum.

Seid geduldig miteinander. Es braucht eine Weile, den Umgang mit diesem Prozess zu lernen. Je öfter ihr ihn anwendet, desto besser wird es euch gelingen, dem *Affinity*-Leitfaden zu folgen, und desto sicherer wird es sich für euch anfühlen, ehrlich miteinander zu kommunizieren.

Elf Grundregeln, um eine ekstatische Beziehung zu gestalten

Die folgenden Grundregeln werden dir dabei helfen, eine ekstatische Beziehung mit einem Lebenspartner zu gestalten und aufrechtzuerhalten.

1. Liebe dich selbst bedingungslos und lerne, in jedem Augenblick der Überbringer der Liebe für deine eigene Erfahrung zu sein. Mache dich nicht davon abhängig, dass andere dich lieben.

2. Setze anderen gegenüber klare Grenzen und nutze die Trigger in deiner Beziehung als Gelegenheit, deine Verletzungen und Überzeugungen zu heilen.

3. Sei bereit für Nähe. Bevor du in eine neue Beziehung gehst, nimm dir die Zeit, die Beendigung früherer Beziehungen zu betrauern und einige deiner Muster des Selbstbetrugs zu heilen.

4. Sei dir sicher, dass du diese Beziehung wirklich willst. Wenn das zutrifft, räume der Beziehung oberste Priorität ein. Viele Menschen behaupten, dass sie das tun, aber sie machen sich selbst nur etwas vor. Frage dich also: »Hat der Beruf für mich Priorität oder meine Kinder oder die Fürsorge für meine Eltern?« Sei ehrlich. Lege es nicht auf einen Misserfolg an. Wenn deine Beziehung die zweite Geige nach diesen anderen Verpflichtungen spielt, wird sie nicht zu dem Grad an Nähe führen, von dem wir hier sprechen. Dann ist es besser, sich ein realistischeres Ziel zu setzen.

5. Übereile nichts. Nimm dir Zeit und sei geduldig. Du musst dem Heilungsprozess vertrauen und verstehen, dass du, wenn du dich

ausreichend mit deinem Kernselbst verbunden hast, einen Partner anzuziehen wirst, der dir hilft, zu wachsen und den nächsten Schritt auf deiner Reise zu machen.

6. Gib das romantische Ideal auf. Wenn du deinen Seeelengefährten anziehen willst, musst du realistisch sein und wissen, dass sie/er jedes noch so kleine Gefühl von Wertlosigkeit und Selbstzweifel in dir ans Licht bringen wird, damit du heilen und in deine Kraft und deine Bestimmung kommen kannst. Es ist nicht weise, dich nach einem Seelengefährten umzuschauen, wenn du nach einer leichten Beziehung suchst, die deine Egostruktur nicht herausfordert.

7. Entwickelt eine gemeinsame Vision. Stellt sicher, dass ihr ähnliche Ziele für die Partnerschaft habt, und einigt euch auf den Prozess, mit dem ihr sie erreichen wollt.

8. Betrachte die Bedürfnisse und Erfahrungen deines Partners als gleichwertig und ebenso wichtig wie die deinen. Viele Menschen meinen, sie täten das, aber wenige tun das wirklich. Das gehört zu den anspruchsvollen Disziplinen einer verbindlichen Partnerschaft.

9. Sei monogam. Es ist zwar nicht unmöglich, eine Beziehung, bei der alle Chakras einbezogen sind, mit mehr als einem Menschen zu haben, aber doch extrem unwahrscheinlich, und es ist nicht weise, das zu versuchen. Andererseits muss jeder ehrlich zu sich selbst sein. Wenn du mit mehr als einem Partner intim sein willst, sind Ehrlichkeit und völlige Offenheit geboten.

10. Vermeide es, deinen Partner zu beschämen oder zu beschuldigen. Alle Versuche der Beschämung oder Beschuldigung sind angstge-

steuert und werden das Vertrauen, das ihr ineinander habt, zerstören.

11. Nimm dir die Zeit und gib der Beziehung den Raum, den sie braucht. Eine ekstatische Beziehung bedarf jeden Tag der Kommunikation von Herz zu Herz. Sie setzt voraus, sich zu freuen und feiern zu können, und sie erfordert Ehrlichkeit und Seelensuche.

Wichtige Fragen an dich

Eine gute Beziehung ist ein Kunstwerk. Sie wird geschaffen, nicht geboren. Du arbeitest jeden Augenblick, jeden Tag deines Lebens daran, sie aufzubauen.

Um eine ekstatische Beziehung ins Leben zu rufen, stelle dir die folgenden *vier Schlüsselfragen:*

- Will ich sie wirklich? Bin ich bereit, der Beziehung die oberste Priorität in meinem Leben einzuräumen?
- Bin ich reif? Habe ich die Traumata aus meiner Kindheit und aus vergangenen Beziehungen ausreichend geheilt? Bin ich bereit, die Vergangenheit loszulassen?
- Bin ich bereit? Bin ich bereit, in jedem Moment für die Beziehung da zu sein und ihr die Zeit und Aufmerksamkeit zu schenken, die sie braucht, um aufzublühen?
- Bin ich dazu in der Lage? Habe ich gelernt, mir meine Ängste einzugestehen und sie mit Mitgefühl zu halten, anstatt sie auf meinen Partner zu projizieren? Bin ich bereit, ehrlich zu kommunizieren und mein Herz und meinen Verstand offen zu halten?

Nimm dir etwas Zeit, die *Elf Grundregeln, um eine ekstatische Beziehung zu gestalten* und die aufgeführten *vier Schlüsselfragen* zu überdenken.

Notiere dir, was für eine Beziehung du mit deinem jetzigen Partner oder zukünftigen Partner zu gestalten versuchst. Überlege, welchen Grad an Einsatzbereitschaft, Geschick und Bereitwilligkeit du in die Beziehung einbringst.

Welchen Heilungsschritt musst du noch abschließen, damit die Beziehung sich verändert oder du in der Lage bist, die Beziehung anzuziehen, die du willst?

Wegweiser zu wahrem Glück

PHASE DREI

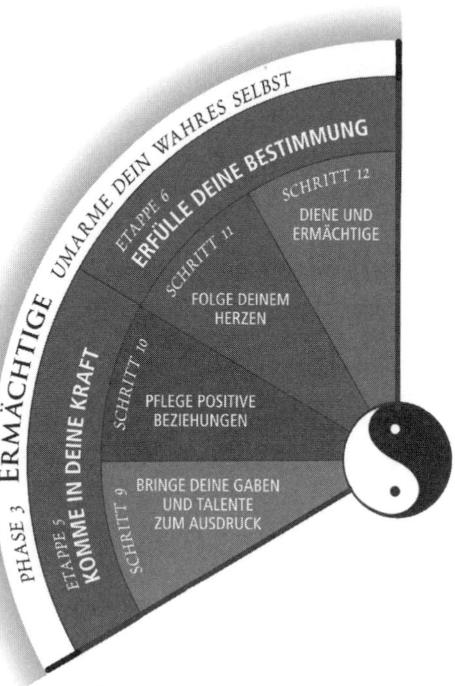

SCHRITT

11

Folge deinem Herzen

ZIEL

Finde deine innere Führung
und lebe im Fluss des Universums

STRATEGIE

Sei voller Freude.
Bleibe im gegenwärtigen Moment.

Dich von deinem Kopf zum Herzen hin bewegen

In der Vergangenheit magst du vorwiegend in deinem Kopf gelebt haben in dem Versuch, alles mit dem Verstand zu ergründen. Während dir das sicher geholfen hat, an Informationen zu kommen und Probleme zu lösen, hat es dir nicht notwendigerweise auch dabei geholfen, dich selbst zu lieben oder deine Beziehung zu anderen zu verbessern. Dafür war etwas anderes erforderlich.

Du musstest lernen, in dein Herz zu kommen, deine Gefühle zu spüren und deine ganze Erfahrung zu akzeptieren. Du musstest lernen, einen mitfühlenden Raum für dich selbst zu halten. Du musstest den inneren Tempel aufbauen, in dem du in der Stille sitzen und dich mit deiner Intuition und deiner inneren Führung verbinden konntest. Du musstest mit deinem kleinen Kind Freundschaft schließen und lernen, es zu akzeptieren.

Du musstest deine Urteile mit Mitgefühl anschauen und – ohne dich fertigzumachen – all die verschiedenen Bereiche erkennen, in denen du deine Macht abgegeben und dich selbst betrogen hast. Du musstest deine Macht zu dir zurücknehmen und Vergebung für dich und andere finden.

Diese Vorbereitung war nötig, um dich in Phase drei dieser Arbeit zu bringen. Und jetzt, wo du in deinem Herz ruhen kannst, lernst du, das Drama der Welt hinter dir zu lassen und auf die noch zarte Stimme im Inneren zu hören. Während du lernst, auf das zu vertrauen, was du hörst, und entsprechend zu handeln, bewegst du dich allmählich über die Egostruktur und die Ängste hinaus, die sie aufrechterhalten.

Eine andere Art zu leben

Diese gesamte Heilungsarbeit führt zu einem anderen Lebensstil, der sich von innen nach außen entfaltet. Er hat eine eigene Resonanz und Harmonie. Der Frieden in deinem Bewusstsein überträgt sich auf deine Beziehungen. Die Liebe zu dir selbst überträgt sich ohne große Mühe auf andere. Die Integration deines Schattens wandelt sich in Mitgefühl für die verletzten Kinder dieser Welt, die von Angst motiviert und von Unsicherheit und dem Mangel an Selbstwert gesteuert sind.

Jesus sagte uns, dass wir neue Schläuche für neuen Wein brauchen. Wir müssen den alten Wein weggießen und das alte Gefäß erneuern. Neuer Wein benötigt ein neues Gefäß. Liebe und Zustimmung bringen ein neues Bewusstsein hervor. Dieses Bewusstsein ist das neue Gefäß. Es hält unsere Erfahrung sanft umschlossen.

Das neue Gefäß geht aus einer Integration von Kopf und Herz, Vernunft und Intellekt, männlich und weiblich, Licht und Dunkel, Demut und Transzendenz hervor. Es stellt eine Synthese der Gegensätze her und erhält seine Stabilität von beiden Seiten.

Ein ganzheitliches Leben unterscheidet sich sehr stark von einem Leben zwischen den Polen. Ein polarisiertes Leben ist reaktiv und flüchtig. Projektion und Attacke breiten sich ungehindert aus. Das Drama ist extrem. Ein ganzheitliches Leben hingegen verläuft ruhig und heiter. Alle Urteile werden klar benannt und offengelegt, wo sie mit Liebe und Mitgefühl gehalten werden. Dadurch kommt wenig Drama auf.

In einem ganzheitlichen Leben bist du sowohl Zeuge als auch Mitwirkender. Du schaust nach innen und beobachtest dich von außen. Du erkennst, dass alles, was du siehst, nur eine Information über dich selbst ist. Manchmal scheint es, als ginge es um andere, aber das ist nur der äußere Anschein. Alles, was du denkst, fühlst, sagst und tust, gehört zu dir. Andere halten dir nur einen Spiegel vor, damit du die Anteile von dir erkennst, die du noch nicht bereit warst anzuschauen.

Innerer Frieden wird zu einer Realität für dich, indem du lernst, deine gesamte Erfahrung anzuschauen und anzunehmen. Du erkennst, dass kein Teil von dir schlecht oder böse ist. Es gibt nur Teile von dir, die bislang noch nicht geliebt wurden. Und jetzt hast du die nötigen Fähigkeiten, um allen Anteilen von dir Liebe zu geben.

Weil du keinen Feind im Inneren hast, triffst du auch auf keinen Feind in der Welt. Alle Menschen, denen du begegnest, sind gleichwertige Brüder und Schwestern. Sie empfinden die gleichen Ängste, die gleiche Heiterkeit, den gleichen Schmerz und die gleiche Freude, die du empfindest. Auch wenn sie eine andere Hautfarbe oder eine andere Religion haben, sind sie menschliche Wesen, genau wie du. Da du das weißt, fühlst du dich nicht von den Unterschieden bedroht. Du lernst, Menschen so zu lieben und anzunehmen, wie sie sind.

Im Fluss des Universums leben

In der Vergangenheit waren deine Entscheidungen vielleicht von Angst beherrscht. Aber jetzt, wo du weißt, wie du deine Angst in Mitgefühl auffangen kannst, stehen die Dinge anders. Du bist geduldiger mit dir und anderen. Du sprichst oder handelst nicht mehr hastig oder impulsiv. Du lernst, dich auf das, was in jeder Situation notwendig ist, einzustimmen, wobei du sprichst und handelst, wenn es sich richtig anfühlt, und davon Abstand nimmst, etwas zu sagen oder zu handeln, wenn es sich nicht richtig anfühlt.

Dein Leben beginnt einfacher zu werden. Da du Druck wegnimmst, spürst du weniger innere Unruhe, ein geringeres Bedürfnis, etwas in Ordnung zu bringen oder zu kontrollieren. Die Dinge fangen an, ohne großen Aufwand zu geschehen. Sobald du dir eines legitimen Bedürfnisses bewusst wirst, siehst du, wie das Universum dem elegant entspricht. Allmählich erkennst du: Wenn du im Vertrauen bist, zieht der Strom der Fülle in dein Leben ein und hilft dir, den nächsten Schritt in Angriff zu nehmen, selbst wenn du noch nicht weißt, worin er besteht.

Bislang musstest du alles im Voraus wissen, damit du dein Leben planen konntest. Jetzt weißt du, dass all das unnötig ist. Wenn die Dinge geschehen, wird dein Plan nicht mehr wichtig sein. Also lernst du, dich mit offenem Herzen und offenem Geist zu zeigen. Du vertraust darauf, dass es dir gesagt wird, wenn du etwas wissen musst. Du siehst, dass genau das immer wieder passiert. Auf seine eigene, sonderbare Weise erweist sich das als vollkommen zuverlässig.

Während du dein Bedürfnis loslässt, alles herausfinden zu müssen, entfaltet sich Gnade in deinem Leben. Wenn du einen Plan brauchst, machst du einen flexiblen mit vielen Optionen. Deine Aufgabe ist nicht, dem Leben deinen Willen aufzuzwingen, sondern mit dem Leben zusammenzuarbeiten, damit deine Bedürfnisse und die Bedürfnisse anderer erfüllt werden können.

Selbst dann, wenn du dir ein Ziel setzt, weißt du nicht, wie du es erreichen wirst. Du weißt nicht, ob du dorthin laufen, fahren oder ein Flugzeug nehmen wirst. Du weißt nicht, wann du ankommen oder welche Abenteuer du unterwegs haben wirst. Aber du vertraust und beginnst dich so in Bewegung zu setzen, wie auch immer es dir möglich ist. Du setzt einen Fuß vor den anderen, und irgendwie werden die Dinge erledigt. Ziele werden erreicht, sogar übertroffen. Und du weißt immer noch nicht, wie du das gemacht hast!

Nicht zu wissen wird zu einem echten Pfad ins Göttliche. Du gibst das Bedürfnis des Verstandes auf, »wie« oder »warum« oder »wann« oder »wo« wissen zu müssen, und bist einfach da, wann und wo du sein kannst. Du handelst, so gut du kannst, und vertraust darauf, dass das genug sein wird. Dein Bestes ist immer genug, weil du genügst. Alles entfaltet sich auf schöne Weise, ohne dass du dir selbst oder anderen Druck machen müsstest.

Das ist der Große Weg des Tao. Es ist der Große Fluss, der stromabwärts fließt. Du musst ihn nicht schieben. Du musst nur hineinspringen oder ausweichen. Es ist absurd, zu meinen, dass du »dem Fluss beibringen« musst, wie er zu fließen hat. Übe dich lieber in Geduld und Demut und erlaube dem Strom, dich zu lehren.

Es gibt keinen besseren Lehrer als das Leben selbst. Und du kannst ein wunderbarer Schüler sein, wenn du einfach mit einem offenen Herzen und offenen Geist da bist. Du musst nicht im Voraus entscheiden, was geschehen wird oder was es bedeuten wird. Das ist nur ein Spiel, das das Ego spielt, weil es Angst davor hat, dass seine Bedürfnisse nicht gestillt werden. Du weißt aber, dass es einen besseren Weg gibt, deine Bedürfnisse zu stillen. Also betest du:

»Herr, lass mich ein Werkzeug deines Willens sein. Lass meinen Willen und deinen Willen ein und derselbe sein. Lass mich vertrauen und mich in dem Wissen zeigen, dass du mit mir sein wirst, meine Worte und meine Taten leiten und den Pfad vor mir ebnen wirst.«

Es gibt keine Perfektion in dieser Welt, aber es gibt Perfektion in der Liebe, und die Ausdrucksformen der Liebe sind unermesslich schön. In der Liebe wird alles ganz und vollständig. In der Liebe sind Vater und Sohn eins, und das Wahre Selbst geht in Güte und in seiner ganzen Pracht hinaus in die Welt.

Das Leben des Wahren Selbst in der Welt

Das Handeln des Wahren Selbst ist freudig, enthusiastisch, überschäumend.

Sein Wunsch ist, zu geben ohne den Gedanken daran, etwas wiederzubekommen.

Die Worte deines Wahren Selbst sind ehrlich und wahr, und die Handlungen deines Wahren Selbst stimmen mit dem, wer du bist, auf der tiefsten Ebene überein.

Das Wahre Selbst bewirkt große Dinge in dieser Welt – ohne große Mühe oder Anstrengung. Das liegt daran, dass es direkt vom Geist im Inneren geführt wird.

Das kann natürlich nicht passieren, solange du ein selbstsüchtiges, wundgesteuertes Leben lebst. Dann sind sich der Wille des Universums und der Wille deines Egos uneins. Du wirst dich nicht im Strom des Universums bewegen. Du wirst gegen den Strom schwimmen. Du wirst dich abmühen und dich aufopfern.

Wenn du jedoch deinen kleinen Willen dem universellen Willen hingibst, wenn du aufhörst, nur das zu wollen, was dir auf selbstsüchtige Weise dient, und du damit beginnst, dir das zu wünschen, was allen gleichermaßen nützt, findet eine wesentliche energetische Veränderung statt. Jetzt steht das Universum dir bei, unterstützt dich und bringt dich weiter. Der Fluss trägt dich flussabwärts.

Du fängst an, an der Fülle des Universums teilzuhaben. Du wirst zu einem freien Kanal, einem Werkzeug des Friedens und der Liebe, wie der heilige Franziskus es nannte.

Du trittst in einen Dialog mit dem Göttlichen ein, indem du …

- … deine Einsatzbereitschaft anbietest und diese zunimmt und zu Vertrauen wird;
- … deine Hoffnung anbietest und diese wächst und zum Glauben wird;

- … deine Akzeptanz anbietest und diese wächst und zu Hingabe wird;
- … deine Dankbarkeit für die Gaben, die du erhalten hast, anbietest und dir größere Geschenke zuteil werden.

Der Geist in deinem Inneren führt dich so, dass du durch offene Türen gehst. Die Menschen, denen du begegnen sollst, kommen in dein Leben. Die Mittel, die du benötigst, tauchen auf, wenn du sie brauchst.

Weil du nur das tust, was in Harmonie mit deinem Herzenswunsch ist, lebst du in einem Zustand der Freude, die ansteckend und anregend für alle ist, die sie miterleben.

Indem du freudig im gegenwärtigen Moment lebst, baust du die Begrenzungen des Verstandes ab, die dich in Ketten halten und dein Leiden immer wieder erschaffen. Jetzt, wo du aus dem Herzen heraus lebst, sind ganz neue Ergebnisse möglich.

Zwölf Übungen, die dir dabei helfen werden, die Liebe in deinem Leben lebendig zu halten

1. Vertraue dem Prozess (selbst wenn du nicht weißt, wohin er dich führt).

2. Lebe im gegenwärtigen Moment (nicht in der Vergangenheit oder Zukunft).

3. Lass die Dinge sein, wie sie sind. Handle nicht, solange du nicht geführt bist.

4. Bleibe in der Stille. Unterlasse es, zu sprechen, wenn du nicht inspiriert bist zu sprechen.

5. Lass deinen Verstand außen vor. Sei im Frieden damit, nicht zu wissen.

6. Bleibe in deinem Herzen und erinnere dich daran, zu atmen.

7. Übe dich in Intuition. Vertraue deinem inneren Wissen.

8. Bleibe in Verbindung mit deinem Kernselbst (deiner friedlichen Mitte).

9. Gib Liebe, wo sie gebraucht wird (immer dann, wenn Angst auftaucht).

10. Lass von Urteilen, Ego-Absichten und anderen Gedanken los, die in der Angst begründet sind.

11. Unterlasse es, etwas zu erzwingen. Erlaube den Dingen, sich auf natürliche Weise zu entfalten, ohne Druck.

12. Entspann dich, gib dich hin und gib dein Kontrollbedürfnis auf.

In der Liebe leben

In der Liebe zu leben bedeutet, dir selbst und anderen Liebe zu schenken. So einfach ist das. Wenn du Liebe gibst, kehrt sie zu dir zurück, weil Liebe sich selbst erzeugt. Das ist das Gesetz von Angebot und Fülle:

- Gib zunächst dir selbst Liebe.
- Dann dehne deine Liebe auf andere aus.
- Und dann erhältst du Liebe zurück.

Dieser Kreislauf wiederholt sich endlos. Wenn die Liebe einmal den Ruf nach Liebe beantwortet, bleibt einzig Liebe übrig. Die Schreie des verletzten Kindes werden besänftigt und beruhigt, und Friede regiert wieder in unseren Herzen und Gemütern.

Wichtige Fragen an dich

- Kann ich im Herzen bleiben und im gegenwärtigen Moment leben?
- Kann ich die Vergangenheit und die Zukunft loslassen?
- Kann ich mein Kontrollbedürfnis aufgeben – oder das Bedürfnis, zu erfahren, was geschehen wird?
- Kann ich vertrauen und zulassen, dass sich mein Leben spontan und auf natürliche Weise entfaltet?
- Kann ich mit meiner Freude in Verbindung sein und erkennen, dass alles zum Besten aller arbeitet?
- Erkenne ich, dass es nichts an mir oder jemand anderem gibt, das ich in Ordnung bringen müsste?
- Kann ich friedlich und geduldig sein und mit der Fülle in Verbindung kommen, die jetzt und allezeit durch mein Leben strömt?

Das Gebet spiritueller Meisterschaft

Viele Menschen finden, dass mein Gebet spiritueller Meisterschaft hilfreich ist, um zu lernen, sich dem Geist im Inneren hinzugeben. Gerne gebe ich es an euch weiter:

Göttlicher Vater, Göttliche Mutter,

hilf mir, mein Einssein mit dir zu spüren
wie auch meine Gleichheit
mit meinen Brüdern und Schwestern.

Hilf mir, meine Urteile zu erkennen
und sie in mir zu korrigieren.

Hilf mir, Scham und Schuld aufzugeben
und aus meinen Irrtümern zu lernen,
damit ich sie nicht wiederhole.

Hilf mir, für meinen Körper, meine Familie,
meine Gemeinschaft und meinen Planeten zu sorgen.

Hilf mir, zu erschaffen,
was meinem höchsten Wohl dient
und dem höchsten Wohl anderer.
Hilf mir, die Verantwortung für meine Schöpfungen
zu übernehmen.

Hilf mir, meine Opferhaltung aufzugeben
und zu erkennen, dass ich ein machtvolles Wesen
mit vielen kreativen Möglichkeiten bin.

Hilf mir, auf liebevolle Weise für mich selbst einzustehen,
ohne andere anzugreifen oder zu versuchen,
ihre Entscheidungen zu beeinflussen.

Hilf mir, anderen Menschen Freiheit zu gewähren,
damit ich selbst Freiheit empfangen kann.

Hilf mir, mitfühlend all jenen die Hand zu reichen,
die in Schmerz, Trauer, Stress oder
anderen Einschränkungen sind,
und ihnen Hoffnung und Ermutigung anzubieten.

Ermögliche meinem Herzen, sich für sie zu öffnen.
Ermögliche meinen Augen,
hinter die Verhaltensweisen zu schauen,
die auf Gefühlen der Angst
und der Unwürdigkeit beruhen.

Möge ich anderen und mir selbst
die bedingungslose Liebe und Akzeptanz geben,
die du mir schenkst.

Hilf mir, meine Fähigkeiten und Talente zu meistern,
auf dass ich sie in deinen Dienst stellen
und meine Bestimmung hier erfüllen möge.

Hilf mir, in die Rolle zu finden,
die du mir zugedacht hast,
um andere zu inspirieren, zu bestärken
und aufzurichten.

Hilf mir, meinen Gaben zu vertrauen
und sie ohne Erwartung einer Gegenleistung
zu verschenken,
wann immer sich die Möglichkeit ergibt.

Hilf mir, freimütig zu geben und zu lieben,
und das Resultat in deine Hände zu legen.

Hilf mir, mein Kontrollbedürfnis loszulassen,
sodass ich aus dem Augenblick heraus leben kann
und in deiner Gnade.

Hilf mir, meine Wunden zu verstehen und zu heilen,
damit ich die Liebe nicht von mir weise
oder mich gegen ihre Gegenwart in meinem Herzen
und in meinen Beziehungen verschließe.

Hilf mir, weich und verletzlich zu werden.
Hilf mir, um Hilfe bitten zu lernen
und der Hilfe zu vertrauen,
die du mir anbietest.

Ermögliche mir, die Vergangenheit zu heilen,
damit ich ganz in die Gegenwart eintreten kann.

Ermögliche mir, zu einem Tor zu werden
für die Heilung anderer,
und lass mich das Tor mutig durchschreiten,
das für mich geöffnet wurde.

Ermögliche mir, das aufzugeben,
was unwahr ist,
und mich fest und voller Überzeugung
dem zu verschreiben, was wahr ist.

Hilf mir, meinen Worten entsprechend zu handeln,
aufmerksam zuzuhören und nur zu sprechen,
wenn ich etwas Hilfreiches zu sagen habe.

Hilf mir, zu verstehen, dass der »Freund«
immer bei mir ist
und mein einziger Lebenszweck darin besteht,
anderen »Freund« zu sein.

Hilf mir, mich von Ruhm und Ehre zu lösen
und jede Form äußerer Autorität loszulassen,
damit ich von der Autorität im Inneren
geführt werden kann.

Ermögliche mir zu allen Zeiten und an allen Orten
zu wissen, dass das höchste Wohl anderer
immer auch mein höchstes Wohl ist und sein wird.

Lass alles abfallen, was mich von den anderen trennt,
damit ich das EINE Selbst in allen Wesen sehen kann.

Ermögliche mir, mein Werk auf Erden
achtsam und in Demut zu vollenden
und zu dir zurückzukehren, wenn es getan ist.

Mögen sich alle Schleier und Grenzen auflösen,
die uns trennen,
auf dass ich ganz und gar im Herzen deiner Liebe
wohnen möge.

Paul Ferrini

SCHRITT

12

Bestärke andere darin, zu erwachen und zu heilen

ZIEL

Sei ein Werkzeug der Liebe
in einer Welt der Angst

Strategie

Köchle in der Soße.
Gib dein Ego auf.

Wenn du einen gewissen Punkt im Prozess deiner Heilung und Transformation erreicht hast, bist du aufgerufen, die Arbeit mit anderen zu teilen. Der Ruf kann formeller oder informeller Natur sein. Das ist nicht wirklich von Bedeutung. Was zählt, ist, dass deine Tasse voll und es für dich an der Zeit ist, das zu teilen, was du gemeinsam mit anderen gelernt hast.

Wenn dein Durst gelöscht ist, lasse andere an der Quelle trinken. Sei sogar bereit, der Behälter zu sein, der in die Quelle eintaucht, um das frische Wasser zu schöpfen und es hochzuholen. Es ist ein organischer und natürlicher Prozess, etwas an andere zurückzugeben, so, wie du es empfangen hast. Das hält die Energie in Bewegung. Auf diese Weise kann das Geschenk immer wieder an diejenigen weitergegeben werden, die es brauchen.

Jeder kann ein Werkzeug des Göttlichen sein, wenn die Einsicht da ist und man bereit ist zu dienen. Manchmal dauert das lange.

Ich erzähle den meisten meiner Schüler, dass sie wie ungekochte Fleischklößchen sind, die eine lange Zeit in der Soße kochen müssen, bevor sie herausgenommen und verzehrt werden können. Viele versuchen, aus der Soße herauszuspringen, bevor sie fertig gegart sind. Wenn die Leute sie essen, bekommen sie eine Magenverstimmung.

Du kannst nicht dienen, solange du nicht reif dafür bist. Du musst am Weinstock reifen und in der Soße garen. Je länger du garst, desto besser und geschmackvoller wirst du.

Jesus sagte uns, dass wir einen guten Baum an seinen Früchten erkennen. Genauso erkennen wir eine gute Lehrerin daran, wie sie sich anderen gegenüber verhält. Wenn sie sanftmütig und freundlich ist, wenn sie bestimmt auftritt, wo das nötig ist, aber anderen gegenüber immer respektvoll, wenn sie ihren Worten entsprechend handelt und vorlebt, was sie lehrt, dann wissen wir, dass sie genau die Richtige ist.

Wenn dem nicht so ist, muss sie wieder in die Soße zurückkehren und ein bisschen weitergaren. Falls sie dazu nicht bereit ist, ist das in Ordnung, dann wird sie einen weiteren Lehrer finden oder weiteren Unterricht bekommen.

Raupen, die nicht bereit sind, im Kokon zu bleiben, werden nicht als Schmetterlinge geboren werden. Heiler, die versuchen, andere zu heilen, bevor sie ihre eigenen Verletzungen geheilt haben, werden zu verwundeten Heilern. Ihr Ruf wird ihnen folgen. Die Menschen werden den Baum an seinen Früchten erkennen.

Wenn der Schüler bereit ist

Du hast die Redensart sicher schon gehört: »Wenn der Schüler bereit ist, erscheint der Lehrer.« Das Gegenteil trifft genauso zu: »Wenn der Lehrer bereit ist, erscheinen die Schüler.«

Schritt zwölf lädt dich ein, die Einsichten und die Unterstützung zurückzugeben, die du erhalten hast. Wenn du Freunde, Mitarbeiter oder Personen in deiner Gemeinschaft hast, die diese Arbeit schätzen würden, überlege, ob du eine Arbeitsgruppe anbieten willst. Komme zu Phase eins, zwei und drei unserer *Real-Happiness*-Intensiv-Workshops, um die Zertifizierung zu erhalten, sodass du diese Arbeit anderen ermöglichen kannst. Die verschiedenen Lehrerzertifikate, die wir anbieten, sind auf meiner Website www.paulferrini.com beschrieben.

Auch wenn du nicht geneigt bist, diese Arbeit in offizieller Form mit anderen zu teilen, werden sich informelle Gelegenheiten ergeben.

Die Menschen werden wahrnehmen, dass du einen Heilungsprozess durchläufst, und sie werden mehr darüber erfahren wollen. Hab keine Angst davor, sie am Resultat deiner Erfahrungen teilhaben zu lassen.

Das Schöne an diesem »Wegweiser zu Heilung und Transformation« ist, dass er wirklich universell ist. Alle Menschen, die du kennst, werden ein oder mehrere Stadien des Heilungsprozesses durchlaufen, den du gerade erfahren hast.

Indem du deine Heilung mit anderen teilst, vertieft und intensiviert sich dein eigener Lernprozess. Das Teilen dessen, was du weißt, ist von daher ein unausweichlicher nächster Schritt auf der Heilungsreise.

Du kannst diese Arbeit am besten gestalten, wenn du sie als gleichwertiger Bruder oder gleichwertige Schwester mit anderen teilst. Gestehe deine Menschlichkeit und Unvollkommenheit ein. Stell dich nicht auf ein Podest und gib nicht vor, irgendwelche besonderen Fähigkeiten zu haben. Dein Ziel muss sein, andere dazu zu ermächtigen, zu wachsen und zu heilen, und niemals, die Aufmerksamkeit auf dich zu lenken.

Lehrer vermitteln etwas gut, wenn ihre Tasse voll ist. Dann ist es leicht, anderen zu geben. Aber niemandes Tasse ist immer voll. Wenn du viel teilst und nicht fest in deiner spirituellen Praxis verwurzelt bleibst, kann es sein, dass du dich ausgelaugt fühlst. Deine Tasse könnte sich leer anfühlen, und dann wirst du den Eindruck haben, dass die Worte, die du sprichst, auf taube Ohren stoßen. Du plapperst die Worte nach, kannst sie aber nicht emotional stützen.

Dann weißt du, dass es an der Zeit ist, die Tasse wieder aufzufüllen. Es ist an der Zeit, zu deinen spirituellen Übungen zurückzukehren und tiefer zu gehen auf deiner Heilungsreise. Es ist an der Zeit, Erfahrungen zu machen, die dich fordern und dir neue Einsichten vermitteln, die du in dein Leben integrierst. Wenn du deine Batterie wieder aufgeladen und die Tasse wieder gefüllt hast, wird es erneut an der Zeit sein, mit andern zu teilen.

Ein Lehrer, der keine Zeit findet, um selbst zu lernen, verausgabt sich völlig. Der Heiler, der sich keine Zeit für seine eigene Heilung nimmt, wird zu einem verwundeten Heiler.

Abgesehen von einem Zustand totaler Erschöpfung besteht das größte Hindernis, diese Arbeit mit andern zu teilen, im Perfektionismus. Wie sehr du dich auch anstrengen magst: Du wirst es nicht perfekt weitergeben. Du wirst Fehler machen und aus ihnen lernen. Nimm also den Druck raus. Sei bescheiden. Sei geduldig und gehe behutsam mit dir um. Mach dir keinen Stress beziehungsweise versuche nicht, zu viel zu tun. Bleibe zentriert. Auf diese Weise wird es leichter für dich sein, deinen Worten Taten folgen zu lassen. Du bist nicht nur gefordert zu lehren, sondern vorzuleben, was du lehrst. Du veranschaulichst deine eigene Heilung durch die Art und Weise, wie du mit anderen umgehst und wie du sie behandelst.

Versuche nicht, jemandes Guru zu sein. Sprich mit anderen nicht auf eine diktatorische, arrogante oder predigende Weise. Das wäre ein Handeln, das in direktem Gegensatz zur spirituellen Lehre der Gleichheit steht, auf der diese Arbeit beruht.

Wenn du dich andern mitteilst, sei authentisch. Sei echt. Trage keine spirituelle Maske. Du tust diese Arbeit nicht, um auf Kosten anderer zu erstrahlen, sondern um andere zu befähigen und zu inspirieren, damit sie wachsen, heilen und ihr eigenes Licht leuchten lassen können.

Ein großer Lehrer hat keine Angst davor, seine Menschlichkeit und Verletzlichkeit zu zeigen. Er gibt seine Fehler unumwunden zu und besitzt die Fähigkeit, darüber zu lachen. Das führt zu einer entspannten und versöhnlichen Atmosphäre in der Klasse oder Gruppe.

Ein Weg, um Sicherheit zu schaffen, ist der, dich und andere immer wieder daran zu erinnern, dass du nicht da bist, um zu versuchen, jemanden zu retten, zu erlösen oder in Ordnung zu bringen. Du bist nicht angetreten, um jemanden zu heilen, sondern um einen geschützten Raum anzubieten, in dem für dich und andere Heilung geschehen kann.

Lehrer zu werden, intensiviert deinen Heilungsprozess. Du hörst nicht auf zu lernen, wenn du unterrichtest. Du lernst auf einer tieferen Ebene und mit viel höherer Geschwindigkeit. Dem Schüler mag es gelingen, seine schmutzige Wäsche zu verbergen. Der Lehrer kann das nicht.

Dein Haus der Heilung

Wie andere auch wirst du nicht alleine heil. Du heilst gemeinsam mit deinen Brüdern und Schwestern. Genauer gesagt heilst du am besten in der Gemeinschaft mit anderen, die auf ähnliche Weise verletzt worden sind wie du. Das nennt man das *Haus der Heilung.* Die Anonymen Alkoholiker sind zum Beispiel ein Haus der Heilung. Menschen, die durch sexuellen Missbrauch im Kindesalter gegangen sind, bilden ein weiteres Haus. Es gibt ein Haus der Heilung für jede wesentliche Art von Verletzung.

Es hilft dir, etwas zurückzugeben, wenn du dein Haus der Heilung herausfindest und dich anderen in dieser spirituellen Familie anschließt. Wenn du einmal anfängst, dich ihnen mitzuteilen, erkennst du, wie sehr du auf einer Wellenlänge mit ihnen liegst.

Andere staunen darüber, was du gelernt hast. Dein Beispiel macht ihnen Hoffnung. Sie verstehen, dass wenn es dir möglich war, Heilung zu erfahren, es für sie selbst auch möglich ist. Sie fühlen sich inspiriert, ermutigt und bestärkt.

Rückblickend erkennst du, dass dein Schmerz und dein Leiden und deine lange und bisweilen schwierige Heilungsreise einen Sinn hatten. Das hat dich darauf vorbereitet, anderen zu helfen. Es hat dich darauf vorbereitet, deine Bestimmung zu akzeptieren. Während du in der Vergangenheit ein Glied in einer Kette des Missbrauchs warst, die sich von deinen Vorfahren bis zu deinen Kindern erstreckte, bist du jetzt Teil einer Heilungskette, die sich von deinen Beratern und Förderern bis hin zu der Gemeinschaft erstreckt, in der du hilfreich wirkst. Es ist eine heilige und privilegierte Rolle, andere bei ihrer Heilung auf dieselbe Weise zu unterstützen, wie du unterstützt worden bist.

Jetzt ist es an der Zeit, zu geben – ohne die Erwartung, etwas zurückzubekommen und ohne andere damit an dich binden zu wollen. Gib, weil du etwas zu geben hast und weil es Menschen in deinem Ort oder deiner Stadt gibt, die brauchen, was du zu geben hast. Du tust das nicht, um damit zu punkten oder dein öffentliches Image zu verbessern. Du tust das, weil es ein Bedürfnis gibt, das du stillen kannst, und weil es ein Herz gibt, das auf deine Güte wartet, weil es einen Bruder oder eine Schwester gibt, der/die aufgibt, wenn du auf seinen oder ihren Hilferuf nicht antwortest.

So, wie du zuvor etwas erhalten hast, kannst du jetzt auch geben. Und während du gibst, erfährst du immer tiefere Heilung. Der Kreis hat sich nun geschlossen. Aber er hat keine Grenzen. Er reicht von deinem Herzen zu den Herzen all jener, die diese Gabe brauchen, die zu geben du gekommen bist.

Sieben spirituelle Einsichten

Wenn du mit den nachfolgenden sieben spirituellen Einsichten arbeitest, wird dir das helfen, dich anderen vom Herzen her mitzuteilen. Es wird dir helfen, die Verbindung mit deinen spirituellen Übungen aufrechtzuerhalten, damit deine Tasse gefüllt bleibt und es dir leichtfällt, mit anderen zu teilen. Vielleicht sprichst du die Sätze laut aus, um eine größere Wirkung zu erzielen.

1. Ich weiß, dass jeder zu jeder Zeit der Liebe wert ist.

2. Meine Absicht ist es, Liebe in jeder Situation so zu geben, wie sie gebraucht wird.

3. Ich akzeptiere meine spirituelle Gleichwertigkeit mit allen Wesen.

4. Ich sehe ein, dass meine Urteile der Illusion entspringen, daher wahnhaft und niemals berechtigt sind. Alle Urteile und Grenzüberschreitungen entstehen aus Angst.

5. Wenn mich die Angst packt, erkenne ich sie und halte sie mitfühlend. Ich erkenne das verzerrte Wesen aller angstgetriebenen Gedanken, Worte oder Taten und unterlasse es, mich oder andere zu verurteilen.

6. Ich übernehme Verantwortung für alles, was ich denke, fühle, sage oder tue. Ich nehme Abstand von Gedanken, Gefühlen, Worten oder Handlungen, die mir selbst oder anderen gegenüber unfreundlich oder ungerecht sind.

7. Liebe führt zu Frieden, Freude und Erfüllung. Ein Mangel an Liebe führt zu Schmerz, Traurigkeit und einem Mangel an Erfüllung. Ich kann zu jeder Zeit wählen, Liebe zu geben, sie nicht zu verweigern.

Wichtige Fragen an dich

- Inwiefern hält mich mein Perfektionismus davon ab, den Schritt hin zu meiner dienenden Arbeit zu machen?
- Teile ich meine Reise mit anderen auf authentische und liebevolle Weise oder trete ich mit einer spirituellen Maske auf und stelle mich auf ein Podest?
- Bin ich bescheiden und geduldig oder habe ich hohe Erwartungen und übe viel Druck auf mich und andere aus?
- Was ist meine größte Gabe, die ich mit anderen teilen kann?
- Was ist die größte Lektion oder Heilungserfahrung in meinem Leben?
- Welche Hindernisse, die ich überwunden habe, und welche Herausforderungen, denen ich begegnet bin, könnten für andere inspirierend sein, wenn sie davon hören?
- Bin ich bereit, anderen zu helfen, in ihre Kraft zu kommen, oder brauche ich noch Zeit für meine eigene Heilung?
- Was ist mein Haus der Heilung?
- Welche Geschenke habe ich zu geben, und zum Dienst an welcher Gruppe von Menschen fühle ich mich am stärksten geführt?
- Habe ich anderen in meinem Haus der Heilung die Hand gereicht?
- Falls nicht, wäre ich bereit, als ersten Schritt eine *Affinity*-Gruppe für die Bewohner in meinem Haus der Heilung anzubieten? (Für weitere Informationen zu den Möglichkeiten einer *Affinity*-Gruppe siehe meine Bücher »Die Schlüssel zum Königreich« und »Im Herzen leben«.)

NACHWORT

Das Ende ist nur der Anfang

Unser *Real-Happiness*-Workshop deckt den Inhalt dieses Buches auf eine intensive, erlebbare Weise ab. Er wird an drei verlängerten Wochenenden angeboten. Wer daran teilnimmt, erfährt viele Durchbrüche und erlebt ein kraftvolles Gefühl von Gemeinschaft.

Manche kommen zu den Workshops mit der Erwartung, die Arbeit zum Ende des letzten Wochenendes abgeschlossen zu haben, aber wenn der Zeitpunkt naht, wird ihnen klar, dass sie in vielfacher Hinsicht gerade erst mit der Arbeit beginnen.

Selbstheilung ist eine tiefe und inhaltsschwere Arbeit. Sie vollzieht sich nicht innerhalb einiger Tage oder Wochen. Dennoch sind die Tage und Wochen sehr wichtig. Wenn du die drei *Real-Happiness*-Intensiv-Workshops mitmachst, erlernst du den gesamten »Wegweiser zu Heilung und Transformation«. Du erkennst, an welchem Punkt du gewesen bist, wo du jetzt stehst und wohin du gehen musst. Dir wird bewusst, welchen Umfang diese Arbeit hat und was sie von dir verlangt.

Die Lektüre dieses Buches liefert dir ebenfalls den Wegweiser für die Reise. Das garantiert aber nicht, dass du dich der Reise verpflichten und sie unternehmen wirst. Meine Erfahrung ist, dass es den meisten Menschen schwerfällt, in ihrem Heilungsprozess zu bleiben, wenn sie nicht die Unterstützung einer transformierenden Gemeinschaft erhalten. Deshalb ermutigen wir dich dazu, diese Arbeit persönlich zu erfahren.

Es kann sein, dass du dich allein schon durch das Lesen dieses Buches in einen Heilungsprozess begibst. Wenn das bei dir der Fall ist, erkenne, dass dich tiefere Arbeit ruft. Sei mutig und mache den nächsten Schritt. Schreibe uns eine E-Mail oder rufe uns an, um herauszufinden, wo der nächste *Real-Happiness*-Intensivkurs oder ein Retreat spiritueller Meisterschaft stattfindet.

Höre den Ruf deines eigenen Herzens und vertraue ihm. Komm und erlebe den Prozess in der Tiefe mit anderen. Erwache, heile und ermächtige dich selbst. Wenn dich das inspiriert, werde ein Lehrer und vermittle anderen diese Arbeit. Die Arbeit geht nur durch diejenigen voran, die sie machen. Sie ist gänzlich erfahrungsorientiert. Unsere Lehrer verstehen nicht nur die Konzepte, sie leben sie auch und leben sie auch vor. Ihre Worte entsprechen ihren Taten.

Ich freue mich darauf, dich bei einem meiner Retreats oder Workshops zu sehen.

Namaste
Paul Ferrini

Real-Happiness-Intensiv-Workshops
und Retreats spiritueller Meisterschaft

Paul Ferrini unterrichtet ernsthafte Schüler und zugelassene Therapeuten in Europa aktiv in der in diesem Buch beschriebenen Heilungsarbeit. Weitere Informationen zu Pauls Retreats in Deutschland und zu Kursen, die von Paul ausgebildete und zertifizierte Lehrer anbieten, können bei Angelika Kreuzer-Rombach unter der E-Mail-Adresse info@angelika-kreuzer-rombach.de angefordert werden.
Weitere Informationen in mehreren Sprachen findest du auf
www.paulferrini.com.

Paul Ferrini ist Autor von mehr als vierzig inspirierenden Büchern über Liebe, Heilung und Vergebung. Seine einzigartige Mischung von Spiritualität und Psychologie erstreckt sich von den Weisheitstraditionen des Ostens bis zu denen des Westens und führt uns unmittelbar in eine tiefgreifende Heilung. Seine Bücher wurden in zahlreiche Sprachen übersetzt, seine Arbeit ist rund um die Welt bekannt und geschätzt.

Paul Ferrini ist ein begehrter Redner und Seminarleiter. Seine Vorträge, Seminare und der *Affinity*-Gruppenprozess haben Tausenden von Menschen dabei geholfen, ihre Praxis der Vergebung zu vertiefen und ihr Herz für die göttliche Gegenwart in sich selbst und anderen zu öffnen.

Weitere Informationen über Paul Ferrinis Arbeit findest du auf seiner Website www.paulferrini.com. Sie enthält viele Auszüge aus Paul Ferrinis Büchern sowie Informationen über seine Workshops und Retreats.

Dort besteht auch die Möglichkeit, Pauls kostenlosen Newsletter sowie einen kostenlosen Katalog seiner Bücher und Audio-Produkte anzufordern.

Eine Kontaktaufnahme per E-Mail an info@heartwayspress.com oder per Brief an Heartways Press, 9 Phillips Steet, Greenfield, MA 01301, USA, ist ebenso möglich.

Kommentare zu Paul Ferrinis Büchern

Paul Ferrini verbindet uns mit dem Geist im Inneren, mit dem Ort, an dem selbst die tiefsten Wunden geheilt werden können.

JOAN BORYSENKO

Paul Ferrinis wunderbare Bücher zeigen uns einen Weg auf, wie wir leicht und in Freude auf dem Planeten Erde gehen können.

GERALD JAMPOLSKY

Paul Ferrinis Arbeit ist ein Muss für alle, die bereit sind, Verantwortung für ihre Heilung zu übernehmen.

JOHN BRADSHAW

Paul Ferrinis Bücher sind die wichtigsten, die ich je gelesen habe. Ich studiere sie wie eine Bibel.

ELISABETH KÜBLER-ROSS

Paul Ferrinis Schriften werden dich zu größerer Einsicht und größerem Verständnis inspirieren, zu mehr Klarheit und festerer Entschlossenheit, Veränderungen in deinem Leben herbeizuführen, die wahrhaftig die Welt verändern können.

NEALE DONALD WALSCH

Paul Ferrini ist ein wichtiger Lehrer im neuen Jahrtausend. Sein Werk zu lesen, hat für mich zu einem bedeutsamen Erwachen geführt.

IYANLA VANZANT

Paul Ferrini ist ein moderner Khalil Gibran – Dichter, Mystiker, Visionär, Verkünder der Wahrheit.

LARRY DOSSEY

Ich spüre, dass diese Arbeit einer beständigen Freundschaft mit den tiefsten Teilen des Selbst entspringt. Ich vertraue ihrer Weisheit.

COLEMAN BARKS

Paul Ferrini
Die Schlüssel zum Königreich
8 spirituelle Übungen, die dein Leben transformieren

TB, 128 Seiten
€ [D] 8,95
ISBN 978-3-86728-227-7

Das Königreich des Himmels ist im Inneren. Dennoch suchen viele Menschen beharrlich nach Liebe und Glück im Außen und erleben dabei immer wieder bittere Enttäuschungen. »Die Schlüssel zum Königreich«, die Paul Ferrini in Form von acht grundlegenden Wahrheiten an die Hand gibt, sind Türöffner für Kopf und Herz. Einfach, klar und verständlich in Worte gefasst, plastisch erklärt und als konkrete Anleitungen zur alltäglichen spirituellen Praxis beschrieben, ermöglichen sie ein fundamentales Umdenken, einen neuen, achtsamen Umgang mit Gefühlen – und damit eine tiefe, umfassende Transformation. Denn wer lernt, die Liebe im eigenen Herzen zu finden, kann sie auch in die Welt tragen. Er wird in der Lage sein, Selbstbetrug und Fremdbestimmung hinter sich zu lassen, um jenseits der Angst den Weg seiner Leidenschaft zu gehen und ein kreatives Leben in Eigenverantwortung zu führen.